WOLFGANG HUBER

Protestantismus und Protest

Zum Verhältnis von Ethik und Politik

rororo

Rowohlt

Originalausgabe
Veröffentlicht im Rowohlt Taschenbuch Verlag GmbH,
Reinbek bei Hamburg, Mai 1987

Umschlagentwurf Jürgen Kaffer / Peter Wippermann
(Foto: Heiner Wessel)
Satz Baskerville (Linotron 202)
Gesamtherstellung Clausen & Bosse, Leck
Printed in Germany
1200 ISBN 3 499 12136 0

Unserer Tochter Valeska
in der Hoffnung
auf die Zukunft des Lebens

INHALT

VORWORT

Fragen der politischen Ethik beschäftigen mich schon lange. Sie prägen mein praktisches Engagement wie meine Arbeit an der Universität und in der Forschungsstätte der Evangelischen Studiengemeinschaft (FEST) in Heidelberg. Von ihnen ist auch meine Mitarbeit im Deutschen Evangelischen Kirchentag bestimmt. Über die politische Rolle der Christen habe ich am Ende des Düsseldorfer Kirchentags im Sommer 1985 gesagt: «Alle, denen Macht anvertraut ist in Staat und Gesellschaft, sollen wissen: Ihr müßt mit den Christen rechnen. Aber ihr könnt auch mit ihnen rechnen.»

Seitdem wurde ich aus verschiedenen Anlässen dazu herausgefordert, öffentlich Folgerungen aus dieser Aussage zu ziehen. Ein Zwischenergebnis lege ich hiermit vor. Dieser Text ist aus Vorträgen entstanden, die ich an verschiedenen Orten im Jahr 1986 gehalten habe. Die Reaktionen auf diese Vorträge haben mich veranlaßt, sie in veränderter Form zu einem Essay zu verbinden. Freimut Duve hat mir dazu den Anstoß gegeben; meine Frau hat mich dabei ermutigt. Beiden gilt mein besonderer Dank.

«Protestantismus und Protest» hieß auf meinen Vorschlag hin der Vortrag, den Helmut Simon beim Düsseldorfer Kirchentag 1985 gehalten hat. Die Erfahrungen seitdem haben dem Thema nichts von seiner Aktualität genommen. Noch immer bedarf die Frage der Klärung, was christlicher Glaube zur politischen Ethik beizutragen vermag. Noch immer muß an der Entwicklung einer politischen Kultur gearbeitet werden, für die der Protest nicht ein lästiges Übel, sondern eine wichtige Form der politischen Mitverantwortung darstellt. Nötig ist er, wenn die Zukunft des Lebens auf dem Spiel steht.

Heidelberg-Ziegelhausen, am 31. Dezember 1986 W. H.

POLITIK UND ETHIK

Dies ist ein theologischer Essay zu politischen Fragen.

Er läßt Grenzziehungen hinter sich, mit denen schon Bibliotheken gefüllt wurden.

Dem Beitrag aufgeklärten christlichen Denkens zur politischen Ethik der Gegenwart sind die folgenden Seiten gewidmet. Es gibt auch andere Begründungen der Ethik als die christliche. Doch das ist für Christen kein Grund, ihren Beitrag zu verweigern. Daß ich mich als Theologe zu politischen Fragen äußere, ist mir deshalb so selbstverständlich, wie ich theologische Stellungnahmen von Politikern akzeptiere. Ich höre gern zu, wenn Politiker sich an der Auslegung biblischer Texte versuchen. Warum sollte dann Theologen das Recht bestritten werden, sich um die Auslegung der politischen Wirklichkeit zu bemühen?

Ethik und Politik sind nicht dasselbe; aber sie gehören zusammen. Politik ist die verantwortliche Regelung öffentlicher Angelegenheiten; Ethik ist das kritische Nachdenken darüber, welches Verhalten verantwortet werden kann. Politik läßt sich aus diesem Nachdenken nicht aussparen, im Zeitalter von Großtechnik und Massenvernichtungsmitteln weniger denn je. Politische Ethik wird um so dringlicher, je weiter die Folgen dessen reichen, was Politik zu verantworten hat. Erstaunlich ist nicht, daß man Politik und Ehtik miteinander verknüpft; erstaunlich ist der Versuch, beides voneinander zu trennen.

Protestantismus und politische Ethik

Was kann der Protestantismus zur politischen Ethik beitragen? Die Frage ist einladend-ökumenisch gemeint. Nicht alle Glieder evangelischer Landeskirchen in der Bundesrepublik oder anderswo verstehen sich bewußt als «Protestanten», als Leute also, die an den Überzeugungen ihres Glaubens auch unter politischem Druck festhalten würden (wie die Unterzeichner der Protestation beim Reichstag von Speyer im Jahr 1529, auf die dieser Name zurückgeht). Und umgekehrt finden sich diejenigen, die im kritischen Widerspruch ein unaufgebbares Moment des christlichen Glaubens sehen, nicht nur in evangelischen Kirchen. Solche «Protestanten» berufen sich nicht nur auf Luther, sondern auch auf Franz von Assisi, nicht nur auf Dietrich Bonhoeffer, sondern auch auf Alfred Delp, nicht nur auf Martin Luther King, sondern auch auf Mahatma Gandhi. Manche, denen solche Traditionen wichtig sind, fühlen sich in keiner Kirche heimisch und versuchen doch, auf ihre Weise Protestanten zu sein.

Daß der Protestantismus etwas mit Protest zu tun hat, ist allerdings weithin in Vergessenheit geraten. Die politische Praxis evangelischer Kirchen hat diesem Vergessen über Jahrhunderte hin kräftig nachgeholfen. Seit der Reformation bis zum Jahr 1918, also für nahezu vier Jahrhunderte, erkannten die evangelischen Kirchen in Deutschland den jeweiligen Landesfürsten als ihren Bischof an; zu Recht gelten sie deshalb noch immer als Musterbeispiel obrigkeitsfrommer Kirchen. Der wirksamste Beitrag des Protestantismus zur Moderne, zu ihrer politischen Kultur und zu ihrer Wertorientierung liegt keineswegs in seinem Protestpotential, sondern in seinem Arbeitsethos. Der sittliche Charakter beruflicher Pflicht, der Verzicht auf die Erfüllung eigener Wünsche, der Gehorsam gegenüber staatlicher Gewalt, die Anerkennung ständischer Grenzen in der Gesellschaft, die Einfügung in familiäre Rollen: darin sah und sieht man vielfach noch heute die Kennzeichen des protestantischen Ethos. Es erfüllte in hohem Maß eine politische Funktion. Doch kaum jemand wäre auf den Gedanken gekommen, das als «Politisierung» des christlichen Glaubens zu brandmarken. Von ihr ist vielmehr immer nur dann die Rede, wenn die Berufung auf Glaubensüberzeugungen kritisch gewendet, wenn die Widerspruchskraft des christlichen Glaubens zur Geltung gebracht werden.

Aber diese Kraft zum Widerspruch der Christen interessiert nur eine Minderheit von Menschen; das gilt für die Bundesrepublik wie für vergleichbare andere Länder. Die meisten sind am kritischen Potential des christlichen Glaubens so wenig interessiert wie an eigener Einflußnahme auf die Politik. Liebe und Arbeit interessieren sie mehr als Glaube und Politik. Die meisten Bürgerinnen und Bürger der Bundesrepublik sind Kirchenglieder und Staatsangehörige zugleich. Und doch interessiert sie die Politik in der Regel nur dann, wenn sie ihre eigenen Lebensbedingungen unmittelbar bestimmt; selbst auf die Politik Einfluß zu nehmen, streben sie nicht an. Und die Frage, wie politisch der christliche Glaube ist, läßt die meisten kalt. Die Kirche – als Anwalt dieses Glaubens – tritt nur sehr unregelmäßig in ihren Blick: bei den Anlässen, die das Leben von der Wiege bis zur Bahre bietet, an Weihnachten, vielleicht durch einen Kirchentag. Befragt danach, wie wichtig verschiedene Lebensbereiche für Menschen in der Bundesrepublik sind, landet der Glaube «statistisch» auf dem vorletzten von acht möglichen Plätzen. Noch unwichtiger ist nur noch politischer Einfluß. An der Spitze liegen dagegen die folgenden Lebensbereiche: Familie, Zuneigung, Einkommen, Arbeit, Freizeit und Erfolg.

Glaube und Politik haben ihren Ort in der Freizeit der Menschen. Doch bleibt ihnen in der «Freizeit» noch Zeit dafür? Gegenwärtig erleben wir einen hemmungslosen Kampf um Marktanteile an der Freizeit. Die Freizeitindustrie blüht; die umfassende Medienversorgung wird geplant. Welche Folgen hat das für die Rolle von Glauben wie von Politik, welche Folgen hat es für die politische Ethik? Zwei Auswirkungen zeichnen sich besonders deutlich ab: Das wachsende Angebot an Gewaltdarstellungen in Fernsehsendungen und Videofilmen wird die Bereitschaft der Menschen erhöhen, Gewalt zu akzeptieren oder sich mit ihr abzufinden: Gewalt auf dem Schulhof oder im Verkehr, aber auch Gewalt in der Rüstung oder Gewalt gegenüber der Natur. Das ist die eine Folge; die andere aber heißt: Die totale Medienversorgung wird die Bereitschaft zu politischer Mitverantwortung nicht etwa steigern, sondern senken. Auch in den kommenden Jahren wird es nur eine Minderheit von Menschen sein, denen Glaube oder Politik wichtig sind und die nach einer eigenen politisch-ethischen Orientierung suchen.

Doch diese Minderheit von Menschen ist in den letzten Jahren wacher und sensibler geworden. Die Friedensbewegung, die Ökologiebewegung und die Frauenbewegung haben dazu viel beigetragen. Viele haben die Gleichgültigkeit überwunden: die Gleichgültigkeit in Fragen des Glaubens wie der Politik. Auf Kirchentagen kann man das erleben, aber nicht nur dort. Die wachsenden Gefahren unserer Gegenwart haben viele Menschen aufgeweckt.

Das hat auch für die Kirchen Folgen. Den politischen Problemen der Gegenwart können sie auch dann nicht ausweichen, wenn sie es gern täten. Für die evangelische Kirche gilt das noch stärker als für die katholische. Sie muß sich dem Streit um den Frieden ebenso stellen wie dem Streit um die Kernenergie; sie kann dem Skandal der Apartheid so wenig ausweichen wie dem Skandal unseres Umgangs mit Asylsuchenden im eigenen Land. Und zugleich ist sie immer wieder mit dem Vorschlag konfrontiert, sie solle sich politisch zurückhalten, damit die Menschen nicht unzufrieden mit ihr sind. Sie solle den politischen Streit meiden, damit die Menschen sich in ihr wohl fühlen können. Auch der Kirche wird geraten, zu versöhnen statt zu spalten, damit die Menschen ihr treu bleiben. Drohende Kirchenaustritte und schwindende Mitgliederzahlen prägen zu oft die Antworten auf die Frage, wie politisch die Kirche sein soll. Gewiß, die Frage, mit wieviel Menschen und mit wieviel Geld die evangelische Kirche in Zukunft rechnen kann, ist wichtig. Doch zu meinen, daß eine unpolitische Kirche ihren Bestand leichter sichern kann, ist ein Selbstbetrug. Eine Kirche, die niemanden mehr aufregen will, verdrängt, daß das Evangelium, dessentwegen sie allein existiert, aufregend ist. Sie vergißt, daß sie sich zu einem Herrn bekennt, der als Aufrührer hingerichtet wurde. Die Nachricht, daß sein Reich nicht von dieser Welt sei, war keineswegs ein Abschied von «dieser Welt», sondern politisch höchst folgenreich: ein respektloser Hinweis auf die Grenzen aller politischen Herrschaft. Solange die Kirche mit diesem Jesus von Nazareth noch etwas zu tun haben will, kann es ihr nicht in den Sinn kommen, den Glauben zum unpolitischen Seelentrost zu machen.

Vielmehr ist der christliche Glaube so politisch, wie er persönlich ist. Er betrifft die äußeren Lebensverhältnisse, wie er das Innere der Menschen verwandelt. Er hat es mit dem Frieden der Staaten ebenso zu tun wie mit dem Frieden der Herzen. Denn er betrifft den ganzen Menschen. Wer ihn zu einem abgesonderten Lebensbezirk macht, verurteilt ihn zur Bedeutungslosigkeit. Zu Recht wird ein solcher Glaube den Menschen gleichgültig; er fehlt ihnen nicht einmal mehr. Sie vermissen nichts, wenn er ihnen abhanden kommt. Die Kirche kann und darf also nicht verschweigen, daß ihr Bekenntnis zu dem Mann am Kreuz Anstoß erregt und Ärger macht. Vor diesem Bekenntnis hat die Alternative zwischen persönlicher Frömmigkeit und politischer Verantwortung keinen Bestand. Glaube und Politik gehören zusammen.

Südafrika als Beispiel

Welchen Preis ein politisch bewußter Glaube verlangen kann, wird heute besonders deutlich am Schicksal südafrikanischer Christen, die um die Überwindung des Apartheidsystems kämpfen. Einen kleinen Ausschnitt davon erlebte ich, als ich im Juni 1986 als Gast des Südafrikanischen Kirchenrats nach Südafrika kam. Der Ausnahmezustand war schon verhängt, als ich nach Johannesburg flog, um an der Jahreskonferenz des Südafrikanischen Kirchenrats teilzunehmen. Die Konferenz selbst begann mit der Feststellung, es sei unmöglich, eine solche Zusammenkunft abzuhalten, ohne gegen die Bestimmungen des Ausnahmezustands zu verstoßen. Denn zu ihnen gehört das Verbot «subversiver Äußerungen», das Verbot jeder Kritik am System der Apartheid. Doch wenn man als Christ unvoreingenommen auf die biblischen Aussagen hört, kann man gar nicht anders als zu hören: Gott hat allen Menschen die gleiche Würde zuerkannt. Die Bibel ist in Südafrika ein subversives Buch. Eine Gemeinschaft, die in Südafrika wirklich das Evangelium hört, verstößt gegen den Ausnahmezustand.

Während dieser Konferenz versammelten wir uns jeden Morgen um sieben Uhr zu einem Abendmahlsgottesdienst. Wolfram Kistner, der aus Deutschland stammende stellvertretende Generalsekretär des Südafrikanischen Kirchenrats, hatte es übernommen, uns in diesen Gottesdiensten Abschnitte aus dem neutestamentlichen Brief an die Epheser auszulegen. So las er uns am frühen Morgen auch die folgenden Sätze vor: «Christus ist unser Friede. Er hat beide Teile zu einem Ganzen zusammengefügt; er hat die Scheidewand des Zaunes, die Feindschaft, durch sein eigenes Leben niedergelegt. Er hat das Gesetz der in unwandelbaren Vorschriften bestehenden Gebote überwunden, um die zwei in ihm selbst zu einem neuen Menschen zu schaffen – dadurch, daß er Frieden stiftete. Er versöhnte die beiden in einem Leib mit Gott durch das Kreuz, nachdem er durch dieses die Feindschaft getötet hatte.»

Den Tod der Feindschaft zu verkünden – das heißt in Südafrika: der Apartheid abzuschwören. Nichts anderes konnte Wolfram Kistner tun, als er diesen Text auslegte. Nichts anderes konnte ich aus Südafrika mitnehmen als die Frage, was wir in der Bundesrepublik Deutschland tun, um zur Überwindung dieser menschenverachtenden Politik beizutragen. Daß auch wirtschaftliche Sanktionen nur ein kleiner Schritt – und dazu ein später – sein würden, war mir klar. Doch zugleich war mir deutlich, daß sich die Bundesrepublik nicht länger der Frage verweigern darf, mit welchen Mitteln sie zu einem möglichst schnellen und möglichst gewaltfreien Wandel in Südafrika beitragen will.

Daß die politischen und wirtschaftlichen Beziehungen der Bundesrepublik Deutschland nicht länger zur Stabilisierung der Apartheid dienen dürfen, ist eine der festen Überzeugungen, die sich aus einer solchen Erfahrung ergeben. Daß diese Überzeugung sich immer weiter durchsetzt und daß die Bundesrepublik aufhört, einer der letzten Bundesgenossen des Apartheidsregimes zu sein, ist das Ziel, für das ich seitdem eingetreten bin. Beim Versuch, Andersdenkende zu überzeugen, muß man manchmal auch Mißdeutungen in Kauf nehmen. Solchen Mißdeutungen hat sich im Spätjahr 1986 das Präsidium des Deutschen Evangelischen Kirchentags im Streit um seine Verbindungen zur Deutschen Bank und um deren Bedeutung für den Protest gegen die Apartheid ausgesetzt. Aber in lebenswichtigen Fragen der politischen Ethik geht es niemals nur darum, sich im Kreis schon Überzeugter gegenseitig zu bestätigen und zu bestärken; es geht vielmehr um einen Lernprozeß, der weiterwirkt. Manchmal muß man dabei auch Mißdeutungen ertragen.

Wolfram Kistner hatte uns an jedem Morgen den Epheserbrief ausgelegt und außerdem einen bewegenden Bericht über die Menschenrechtsarbeit des Südafrikanischen Kirchenrats erstattet. Nach dem Ende der Konferenz lud er mich ein, ihn auf einer Reise in den Norden Transvaals zu begleiten. Zur Übernachtung waren wir auf einer einsamen Missionsstation angemeldet. Dort erwartete uns die Apartheid-Macht: eine Kolonne von Polizeiwagen. Nach gründlicher Durchsuchung unseres Gepäcks wurde Wolfram Kistner festgenommen – einer von vielen Tausenden, die unter dem Ausnahmezustand ohne Angabe von Gründen einfach verhaftet wurden, aber von den meisten anderen dadurch unterschieden, daß er auf Grund massiver Proteste, infolge des Gefängnisaufenthalts schwer erkrankt, nach einer Woche wieder in eine durch strenge Auflagen beschränkte Freiheit kam.

Bei der Verhaftung verabschiedete er sich von uns nach einem gemeinsamen Gebet. In das Gebet schloß er auch die ein, die ihn verhafteten. Er bat Gott darum, daß sie ihrer Aufgabe gerecht nachkämen. «Liebt eure Feinde und bittet für die, die euch verfolgen, damit ihr Kinder seid eures Vaters im Himmel.» Ein Satz aus der Bergpredigt Jesu war es, der mir durch den Kopf ging, als ich das erlebte. Und erstaunt erinnerte ich mich daran, daß wir in der Bundesrepublik Jahr und Tag darüber gestritten hatten, ob die Bergpredigt für die politische Verantwortung der Christen etwas zu bedeuten hat. Die Bergpredigt sei, so hatte etwa Helmut Schmidt 1981 in dieser Debatte erklärt, «in einer anderen Zeit für eine andere Gemeinde in einer anderen Lage gesprochen». Muß man wirklich erst den Apartheidkonflikt in seiner ganzen Grausamkeit erleben, um die Vernunft der Bergpredigt zu begreifen?

Sicherheitshalber will ich hinzufügen: Für die Überwindung der Apartheid hält die biblische Tradition der Juden und der Christen ebensowenig Patentrezepte bereit wie für die Frage, mit welchen Mitteln dem Wahnsinn des Wettrüstens Einhalt geboten werden kann. Schritte zu politischen Lösungen zu finden, ist in all diesen Fragen eine Aufgabe der politischen Vernunft – aber einer durch die Liebe bewegten Vernunft, einer lernfähigen Vernunft, die, wenn sie von der Bibel lernen will, auch von der dort bezeugten Parteinahme Gottes für die Armen und Gedemütigten zu lernen bereit ist, einer leidenschaftlichen Vernunft auch, die sich von der Leidenschaft dieses Gottes für den Frieden anstecken läßt.

Protest und politische Verantwortung: Der Blick von unten

Nach dem Verhältnis von Politik und Ethik zu fragen, heißt für Christen, diese Leidenschaft und diese Lernbereitschaft politisch zur Geltung zu bringen. Ihr Ausgangspunkt ist der Blick von unten, die Perspektive der Opfer. Ihr Geschichtsbild ist von der Kehrseite der Geschichte aus entworfen, nicht von den Siegern, sondern von den Verlierern, nicht von den Ausbeutern, sondern von den Ausgebeuteten, nicht von den Zentren der Macht, sondern von der Peripherie aus. Gegenüber denen, die die Macht innehaben, läßt sich diese Perspektive oft nur in der Form des Protests durchhalten. Doch auch für den Protest bleibt ein entscheidender Prüfstein, daß er der Verführung zur Selbstgerechtigkeit widersteht. Selbstgerechtigkeit findet man indes nicht nur bei den selbstgefälligen Vertretern einer amtlichen Politik, man findet sie auch bei ihren Gegnern. Sie zeichnet nicht nur Verteidiger staatlicher, gesellschaftlicher oder kirchlicher Institutionen aus; sie ist auch ihren Kritikern nicht fremd.

Die Zeit der Protestgeneration, so meinen manche, sei vorbei. Doch die Anlässe zum Protest nehmen zu, nicht ab. Sie vermehren sich, weil die «Restrisiken» immer unübersehbarer werden, mit denen die «Risikogesellschaft» lebt: Katastrophen in einem russischen Kernkraftwerk oder einer Schweizer Chemiefabrik, Vergiftungen des Trinkwassers oder Verseuchung der Trinkmilch beweisen es. Die Anlässe zum Protest vermehren sich auch deshalb, weil die Gesellschaft der Bundesrepublik wie anderer Länder sich immer deutlicher in «Verharmloser» und «Problematisierer» spaltet. Neokonservative Politik erhebt Verharmlosung zum Programm; solange ihr eine positive Konjunkturentwicklung zur Hilfe kommt, kann sie damit erfolgreich sein. Um so dringlicher aber wird es, daß die verdrängten Probleme auf die politische Tagesordnung gebracht werden. Das geht unter solchen Voraussetzungen oft nur mit den Mitteln des Protests. Deshalb bleibt der

Protest eine wichtige Form politischer Mitverantwortung – allerdings nach wie vor als eine Form unter anderen.

Der heute nötige Protest hat vor allem drei Themen. Er richtet sich gegen soziale Gleichgültigkeit, gegen die Ausbeutung der Natur und gegen die Unfähigkeit zum Frieden.

Protest gegen soziale Gleichgültigkeit

Soziale Gleichgültigkeit bestimmt nicht nur das Verhältnis der Industriestaaten zu den Ländern im Armutsgürtel der Erde; sie prägt auch das gesellschaftliche Klima innerhalb der westdeutschen Gesellschaft. Sie drückt sich in der gesellschaftlichen Kälte aus, die Asylsuchende und Ausländerfamilien noch immer, ja wieder verstärkt umgibt. Sie prägt die Lebenssituation von Erwerbslosen, von denen also, die zu Opfern von Rationalisierung und ungerechter Verteilung der verfügbaren Erwerbsarbeit werden. Berücksichtigt man nicht nur die von den Arbeitsämtern Registrierten, sondern alle, die wider Willen aus der organisierten Erwerbsarbeit ausgeschlossen sind, dann muß man in der Bundesrepublik Deutschland über Jahre hinweg mit einer Zahl von dreieinhalb bis vier Millionen Erwerbslosen rechnen. In ihrer Lebenssituation sind dadurch aber nicht nur die Erwerbslosen selbst, sondern ebenso ihre Familienangehörigen, ihre Partner und Kinder beeinträchtigt. Deshalb ist die psychische und soziale Situation von etwa zehn Millionen Menschen in der Bundesrepublik Deutschland durch die Erfahrung von Erwerbslosigkeit unmittelbar bestimmt. Jeder dritte von insgesamt etwa 41 Millionen Erwerbspersonen in der Bundesrepublik Deutschland war während des Zeitraums von zehn Jahren einmal oder mehrmals von ihr betroffen. Ein Drittel der Bevölkerung kennt Erwerbslosigkeit aus unmittelbarer Erfahrung.

Allzu häufig wird diese Entwicklung mit dem geflügelten

Wort von Hannah Arendt beschrieben, nach dem der Arbeitsgesellschaft die Arbeit ausgeht. Doch solche Worte sind nicht schon deshalb wahr, weil sie geflügelt sind. An Arbeit ist auch in der dritten industriellen Revolution kein Mangel; das wissen Eltern oder Krankenschwestern nur allzu gut. Schon deshalb spreche ich, wo immer möglich, nicht von Arbeitslosigkeit, sondern von Erwerbslosigkeit. Der gegenwärtige Rationalisierungsschub führt zum Rückgang der Erwerbsarbeit im industriellen Sektor. Doch auch das rechtfertigt die Behauptung nicht, der Arbeitsgesellschaft gehe die Erwerbsarbeit aus. Sie geht nicht aus, sondern sie ist ungerecht verteilt, nämlich so, daß eine große Minderheit der Gesellschaft auf Zeit oder Dauer von ihr ausgesperrt wird.

Wieso entwickelt sich aus dieser Aussperrung einer großen Gruppe von Menschen nicht ein stärkeres, deutlicher zu vernehmendes Protestpotential? Oder aus einer anderen Perspektive gefragt: Wie ist die soziale Gleichgültigkeit zu erklären, mit der weite Teile unserer Gesellschaft wie der amtlichen Politik auf diese Entwicklung reagieren?

Man kann auf diese Doppelfrage mit dem Hinweis auf das System sozialer Sicherheit antworten, das gerade noch so gut funktioniert, daß dadurch das Protestpotential der Arbeitslosigkeit aufgefangen wird. Ein anderer Hinweis muß jedoch hinzutreten: Massenhafter Protest derer, die von Erwerbslosigkeit betroffen sind, würde voraussetzen, daß sie sich in ihrer «Arbeitslosigkeit» zu erkennen geben. Das aber wird durch das Ethos einer Arbeitsgesellschaft unterbunden, in der «Arbeitslosigkeit» noch immer als Makel gilt. Erwerbslosigkeit demotiviert; sie führt eher in die Resignation als in den Protest. Sie veranlaßt Menschen eher dazu, sich zu verkriechen, als auf die Straße zu gehen.

Erwerbslose, so groß ihre Zahl auch ist, bleiben unerkannt und allein. Arbeitsloseninitiativen haben das bisher nur in ganz geringem Umfang ausgleichen können. Solidarität ist für sie nur sehr schwer zu mobilisieren. Denn technische Entwicklung, wirtschaftliche Entscheidungen und eine ihnen entsprechende Politik führen zu einer Spaltung der Gesellschaft in «Arbeitsbesitzer» und «Arbeitslose», in Rationalisierungsgewinnler und Rationalisierungsverlierer. Deshalb ist der Mangel an sozialer Sensibilität in dieser Gesellschaft so weit verbreitet. Er macht auch vor den Toren von Gewerkschaften, politischen Parteien oder Kirchen nicht halt.

Aus der Vielfalt möglicher Belege will ich nur eine eigene Erfahrung beisteuern, die aus der Vorbereitung des Düsseldorfer Kirchentags im Jahr 1985 stammt. Wir hatten uns vorgenommen, das Thema «Arbeit und Arbeitslosigkeit» deutlich hervorzuheben und dabei nicht nur über die von Erwerbslosigkeit betroffenen Menschen zu reden, sondern sie selbst zu Wort kommen zu lassen. Deshalb hatte ich in einem Brief alle evangelischen Gemeinden in der Bundesrepublik gebeten, soweit sie Gruppenfahrten zum Kirchentag vorbereiteten, auf jeweils zehn Teilnehmer einen Arbeitslosen mitzubringen und solidarisch für dessen Kosten aufzukommen. Soweit ich unmittelbare Reaktionen auf diesen Brief erhielt, hießen sie oft: Das ist eine großartige Idee, aber wir kennen keine Arbeitslosen. So erlebten wir die Auswirkungen einer Spaltung der Gesellschaft, die soziale Gleichgültigkeit möglich macht.

Soziale Gleichgültigkeit wird nicht notwendigerweise mit Wahlniederlagen bestraft. Und dennoch ist sie ethisch unerträglich. Daß sie mit elementaren Gerechtigkeitsvorstellungen unvereinbar ist, haben besonders nachdrücklich die katholischen Bischöfe in den USA hervorgehoben. In ihrem Wirtschaftshirtenbrief, der im November 1986 von der Bischofskonferenz mit überwältigender Mehrheit angenommen wurde, heißt es: «Die äußerste Ungerechtigkeit liegt dann vor, wenn Menschen oder Gruppen aktiv so behandelt oder passiv in einem Zustand gehalten werden, als ob sie nicht Glieder der menschlichen Gattung wären. Menschen so zu behandeln bedeutet, daß sie nicht als menschliche Wesen zählen. Das kann in vielen Formen geschehen; sie lassen sich alle beschreiben als unterschiedliche Arten der Marginalisierung oder des Ausschlusses vom Leben der Gesellschaft.»

Protest gegen die Ausbeutung der Natur

1985 schrieb Carl Friedrich von Weizsäcker: «Ich sah und sehe auch heute die physische Gefahr der Kernenergie nur im Zusammenhang mit Gewaltakten, zumal im Krieg.» 1986 wurden im ukrainischen Kernkraftwerk Tschernobyl infolge von Bedienungsfehlern drei Prozent des radioaktiven Inventars freigesetzt. Die physische Gefahr der Kernenergie war ohne Gewalt und Krieg zum Ausbruch gekommen. Hilfe konnten die Menschen in der ukrainischen Umgebung des Kernkraftwerks nicht mehr von Ärzten, sondern allenfalls von den dreitausend Omnibussen und Lastkraftwagen erwarten, die für die Evakuierung eingesetzt wurden. Fünfzehnhundert Kilometer entfernt, in der Bundesrepublik, wurde der Verzehr von Frischmilch, Blattgemüse, Wild, Pilzen und anderen Lebensmitteln zu einem unkalkulierbaren Risiko. Eltern merkten oft zu spät, daß ihre Kinder schon am 1. Mai nicht in Sandkästen hätten spielen sollen und daß die Familien auf ihren Maiausflug besser verzichtet hätten. Die mangelhafte Information durch die zuständigen Behörden sollte das notwendige Erschrecken verhindern oder doch wenigstens verzögern. Um welches Maß das langfristige Krebsrisiko durch diesen Unfall angestiegen ist, wird nie jemand mit Eindeutigkeit feststellen können. Daß es angestiegen ist, kann niemand bestreiten.

Die Kernenergie ist zum Symbol für die menschliche Herrschaft über die Kräfte der Natur geworden. Daß der neuzeitliche Mensch sich als «Meister und Besitzer der Natur» versteht, wird an dieser Technologie besonders deutlich: Hier entbindet erst der Mensch eine Energiequelle, die ihre Kraft nicht von sich aus darbietet. Doch um so unheimlicher ist ihre Gewalt; daß sie durch den Menschen nicht restlos beherrschbar ist, hat die Katastrophe von Tschernobyl gezeigt. So dramatisch schon die unmittelbaren Folgen waren, so weist das Symbol von Tschernobyl über sie noch weit hinaus. Denn dieser Reaktorunfall hat bewiesen, daß das Restrisiko der Nukleartechnik, solange es über Null liegt, in jedem Fall zu hoch ist. Zwar ermittelte die «Deutsche Risikostudie Kernkraftwerke» von 1979 für einen großen Unfall in einem 1300-Megawatt-Kernreaktor eine Wahrscheinlichkeit von einmal in zehntausend Betriebsjahren. Doch selbst eine solche Wahrscheinlichkeitsberechnung besagt keineswegs, daß mit dem Eintreten eines solchen Unfalls erst *nach* zehntausend Jahren zu rechnen sei; es ist vielmehr zu jedem Zeitpunkt möglich. Solange das Restrisiko bleibt, enthält die Aussage, deutsche Kernkraftwerke seien relativ sicherer als dasjenige von Tschernobyl, keinen Trost. Hoffnung läge allein in einer Politik des planmäßigen und konsequenten Ausstiegs aus der Kernenergie, einer Politik, die freilich, um die Gefahren wirksam zu mindern, sich über Grenzen hinweg durchsetzen müßte.

Der Brand bei der Firma Sandoz in Basel und die anschließende Serie von Chemieunfällen am Rhein haben gezeigt, mit welchen Risiken die Industriegesellschaft lebt. Die Vernichtung der Ökologie des Rheins und das millionenfache Fischsterben sind Beispiele dafür, was die «Risikogesellschaft» in Kauf nimmt. Risikogesellschaft – dazu haben wir uns nach der überzeugenden Diagnose von Ulrich Beck entwickelt! Zwar haben Spezialisten und Umweltminister – je nach Parteizugehörigkeit – solche Unfälle für unwahrscheinlich oder für ausgeschlossen gehalten. Doch daß Spezialisten mit Unglücksfällen nicht rechnen, bedeutet keineswegs, daß sie nicht stattfinden.

Von einer Ethik der Risikogesellschaft sind wir noch weit entfernt. Doch eines ist sicher: Der Aufgabe, Risiken festzustellen, abzuschätzen und im öffentlichen Disput über ihre Vertretbarkeit zu entscheiden, kann die Industriegesellschaft nicht ausweichen. Diese Aufgabe aber verbindet Ethik und Politik in neuer Weise miteinander. Die Zeit, in der man ethische Fragen unter Verweis auf die Eigengesetzlichkeit von Technik und Ökonomie suspendieren konnte, ist vorbei. Denn auf die Frage, welche Risiken eine Gesellschaft zu akzeptieren bereit und verpflichtet ist, läßt sich mit der Eigengesetzlichkeitsthese nicht beantworten. Ohne eine – und sei sie noch so vage – Vorstellung von gelungenem, verantwortbarem Leben ist die Antwort nicht zu finden.

Wer auf die Umweltkrisen der letzten Zeit nicht mit Protest reagiert hat, dem wuchsen doch zumindest Zweifel. Sie lassen sich durch Erfolgsmeldungen und die Sehnsucht nach problemloseren Zeiten überdecken; auslöschen lassen sie sich nicht. Im Protest wie im Zweifel meldet sich die Frage nach einem tragfähigen Lebensentwurf an. Liegt er weiterhin in jenem Fortschrittsgedanken, nach dem der Mensch sich zum «Gott dieser Erde» aufzuschwingen im Begriff steht? Oder liegt er im Gedanken einer Versöhnung mit der Natur, die – nicht als Rückkehr in ein vorindustrielles Paradies, sondern als Schritt nach vorn – die Ausbeutung der Natur ablösen könnte? Gemeint wäre dabei die Versöhnung des Menschen mit seiner eigenen Natur ebenso wie mit der, die ihn umgibt.

Protest gegen die Unfähigkeit zum Frieden

Der Zweite Weltkrieg endete ohne Friedensschluß. Über die Symbolik dieses Vorgangs konnte man sich im Jahr 1945 kaum eine Vorstellung machen. Heute läßt sie sich in Zahlen umsetzen. Am Ende des Zweiten Weltkriegs existierten drei Atombomben; die Hiroshima-Bombe, unter deren Folgen noch heute Spätschäden-Opfer leiden, hatte eine Zerstörungskraft von zwölf Kilotonnen. Heute sind auf der Welt über 50000 Atomwaffen gelagert. Mit ihnen könnte die Hiroshima-Bombe mehr als eine Million Male gezündet werden; das Atomwaffenarsenal reicht aus, um tausend Jahre lang in jeder Sekunde eine Tonne Sprengstoff explodieren zu lassen. Die 18000 Megatonnen Zerstörungskraft der heute auf der Erde gelagerten Atomwaffen vermag kein Mensch sich vorzustellen. Es ist die Unvorstellbarkeit dieser Gewaltpotentiale, die es Politikern und Bürgern möglich macht, diese Unfähigkeit zum Frieden zu ertragen. Es gehört zu den gespenstischen

Zügen der Zeit, daß in einem kleinen Land wie der Bundesrepublik über viertausend Atomwaffen lagern oder umhergefahren werden; doch die allermeisten Bürger – auch die meisten Wissenschaftler, die sich mit den Gefahren und Folgen eines Atomkriegs beschäftigen (auch ich selbst) – haben noch nie eine Atomwaffe gesehen.

So unsichtbar ihre Existenz für die meisten ist, so unvorstellbar erscheint auch ihr Einsatz. Die permanente Existenz dieser Gewaltdrohung vermögen Menschen in der Regel nur dadurch zu ertragen, daß sie der Auskunft Glauben schenken, nach der gerade die Drohung mit der Gewalt deren Einsatz dauerhaft verhindere. Es ist schwer, dem nüchternen Kalkül standzuhalten, nach dem ein dauerhaftes Gelingen dieses gigantischen Experiments extrem unwahrscheinlich ist. Wie nahe ein Versagen der Abschreckung liegt, hat Horst Afheldt so verdeutlicht: «Soll die Abschreckung über lange Zeit glaubwürdig bleiben, muß die Wahrscheinlichkeit des Einsatzes der Waffen über lange Zeit größer als Null sein. Ist diese Wahrscheinlichkeit aber konstant größer als Null, so wird sie über sehr lange Zeiträume gleich 1, der Krieg also sicher.» Wie beim Restrisiko der Kernenergie, so ist auch hier von sehr langen Zeiträumen die Rede. Doch erneut gilt: den Zeitpunkt, zu dem ein solches Ereignis eintritt, kann niemand angeben. Es muß nicht am Ende des Zeitraums liegen, für den die Wahrscheinlichkeit bestimmt wurde. Hier wie dort kann menschliches Versagen das Unglück beschleunigen. Und von Beispielen für menschliches Versagen ist die politische Chronik dieser Zeiten voll. Reikjavik – der Ort, an dem im Oktober 1986 eine mögliche Verständigung zwischen dem amerikanischen Präsidenten Reagan und dem sowjetischen Generalsekretär Gorbatschow über effektive Abrüstungsschritte scheiterte – ist zum zusammenfassenden Namen für sie geworden.

Christliche Initiativgruppen, aber auch (freilich oft nur halbherzig) die verfaßten Kirchen sind in den letzten Jahren zu Trägern des Protests gegen eine Unfähigkeit zum Frieden geworden, die in der Fortsetzung des Wettrüstens bis in den

Weltraum hinein ihren größenwahnsinnigen Ausdruck findet. Diese Initiativen schauen auf die Betroffenen, sie fragen nach den Auswirkungen eines solchen Sicherheits-Systems aus der Perspektive der Opfer. Dazu gehören die Angehörigen künftiger Generationen, über deren Lebensmöglichkeiten heute entschieden wird; dazu gehören auch die unbekannten Opfer heutiger Atomwaffenversuche. Die Unfähigkeit zum Frieden aus der Perspektive der Opfer zu sehen, heißt aber vor allem, sich dem Zusammenhang von Rüstung und Unterentwicklung zu stellen. Am Gegenbild der heillosen Verkettung von Unfrieden und Ungerechtigkeit tritt heute die unauflösbare Einheit von Frieden und Gerechtigkeit neu ans Licht.

Die jüdisch-christliche Tradition kennt für diese Einheit einen Namen: Schalom – ein Wort, das die Vielfalt gelingender Beziehungen im Kleinen wie im Großen, im Verhältnis zu Gott wie unter den Menschen, umfaßt. Der Frieden ist gefährdet, die Gerechtigkeit ist verletzt; die ökumenische Bewegung unserer Tage hat diese Einheit von Frieden und Gerechtigkeit neu akzentuiert. *Schalom* im umfassenden Sinn: darauf drängen Gruppen und Kirchen in der ökumenischen Gemeinschaft heute, wenn sie ein «Konzil des Friedens» fordern. Der Prozeß konziliarer Verständigung, in den christliche Gruppen, Gemeinden und Kirchen eingetreten sind, umfaßt die Überwindung von Ungerechtigkeit, die Bändigung der Gewalt und die Versöhnung mit der Natur. Er richtet sich auf die Themen, in denen sich heute besonders dringlich zeigt, daß Ethik und Politik neu miteinander verbunden werden müssen.

Als ein «Konzil des Friedens» wird dasjenige Ereignis immer wieder bezeichnet, von dem viele hoffen, daß es die Verbindlichkeit ethischer Einsichten für politisches Handeln mit Vollmacht und Wirkung ausspricht. Ihren Ursprung hat diese Vision bei einem protestantischen Theologen, der wie kein zweiter in unserem Jahrhundert theologisch verantwortetes politisches Denken und Handeln repräsentiert und inspiriert hat: bei Dietrich Bonhoeffer, der im Widerstand gegen das Nazi-Regime sein Leben verlor.

Deshalb wende ich mich nun dem Vermächtnis Dietrich Bonhoeffers zu. Aus der Perspektive, die Bonhoeffer erschließt, frage ich nach der Bedeutung des protestantischen Erbes für die politische Ethik. Aus diesem Rückblick wird sich eine Konzeption ergeben, die Freiheit und Solidarität miteinander verbindet, statt sie gegeneinander auszuspielen.

Der Entfaltung dieses Konzepts dienen die Kapitel zum Verständis der Demokratie, zum Verhältnis von Rechtsbefolgung und zivilen Ungehorsams sowie über Brüderlichkeit – Geschwisterlichkeit. Zum Schluß knüpfe ich noch einmal an Dietrich Bonhoeffers Aufruf zum Konzil des Friedens an. Denn an keinem Thema zeigt sich die heute nötige politische Ethik schärfer als an der Verantwortung für den Frieden.

KONZIL DES FRIEDENS – EIN VERMÄCHTNIS DIETRICH BONHOEFFERS

Am 4. Februar 1986 wäre Dietrich Bonhoeffer achtzig Jahre alt geworden, wenn nicht Gewalt seinem Leben ein Ende gemacht hätte. Noch immer ist die Erinnerung an ihn nicht ohne die Vorstellung zu haben, daß er – ohne jene Gewalt – noch unter den Lebenden sein könnte. Ihn als lebend sich vorzustellen, heißt, ihn in der Reihe der ihm Gleichaltrigen zu sehen, die für meine Generation Väter und Mütter, für die Jüngeren Großväter und Großmütter sind. Die letzten Jahre haben uns gelehrt, ihre Erfahrungen und ihre Unerschrockenheit um so wichtiger zu nehmen, je bedrohlicher die Zukunft vor uns tritt.

Bonhoeffers Leben ist vor der Zeit abgebrochen; es ist Fragment. So früh er Hürden nahm, vor denen andere jahrelang scheuen – mit 21 hatte er promoviert, mit 24 war er habilitiert –, so früh mußte er die Erfahrung des Alters machen – wenn denn Alter heißt: die Nähe des Todes wahrzunehmen. Er war noch nicht vierzig Jahre alt, als das Ende kam, das er zugleich als Beginn verstand, ebenso alt wie Martin Luther King, als ihn die Kugel traf, ebenso alt auch wie Nelson Mandela, als sich das Gefängnistor hinter ihm schloß.

Als Fragment hat auch Bonhoeffer selbst sein Leben wahrgenommen. «Je länger –» so schrieb er im Februar 1944 aus dem Tegeler Gefängnis an Eberhard Bethge – «wir aus unserem eigentlichen beruflichen und persönlichen Lebensbereich herausgerissen sind, desto mehr empfinden wir, daß unser Leben – im Unterschied zu dem unserer Eltern – fragmentarischen Charakter hat. ... Es kommt wohl nur darauf an, ob man dem Fragment unseres Lebens noch ansieht, wie das Ganze eigentlich angelegt und gedacht war und aus welchem Material es besteht. Es gibt schließlich Fragmente, die nur noch auf den Kehrichthaufen gehören (selbst eine anständige ‹Hölle› ist noch zu gut für sie), und solche, die bedeutsam sind auf Jahrhunderte hinaus, weil ihre Vollendung nur eine göttliche Sache sein kann, also Fragmente, die Fragmente sein müssen – ich denke zum Beispiel an die Kunst der Fuge.» Und er hoffte darauf, daß sein Leben wenigstens im Abglanz ein solches Fragment erkennen lasse.

Was Bonhoeffer nur undeutlich hoffen konnte, läßt sich heute klarer aussprechen: Für die Zukunft hat er gerade dort Aufgaben hinterlassen, wo ihm selbst die Erfüllung versagt blieb. Herausfordernd für unsere Generation ist er nicht durchs Gelingen, sondern durch den unerschrockenen Versuch. Von vielen anderen unterschied er sich durch die Klarsicht, mit der er anstehende Aufgaben wahrnahm und dem Scheitern ins Auge sah. Einsam war er, als er – schon im Jahr 1934 – die Vision formulierte, daß die Vertreter der christlichen Kirchen in der Vollmacht eines ökumenischen *Konzils des Friedens* sprechen würden. Unerfüllt blieb seine Hoffnung darauf, daß die Bekennende Kirche sich ohne Vorbehalt auf die Seite der Entrechteten, vor allem der verfolgten Juden stellen würde. Gescheitert ist der Plan der Verschwörer, zu denen er gehörte, dem Regime Hitlers ein Ende zu machen. Doch fremd war ihm, was anderen nur allzu vertraut ist: die entscheidenden Aufgaben um taktischer Vorteile willen zu verschweigen oder ihnen auszuweichen. Der Strahlkraft des Werks, das er hinterlassen hat, kann man sich schon deshalb schwer entziehen, weil sein Denken und Reden durch sein Leben und Tun gedeckt sind. Deshalb wird man sich an Bonhoeffer – falls Gelegenheit dazu bleibt – auch dann noch erinnern, wenn dieses merkwürdige Jahrhundert der Vergangenheit angehört.

Unverkennbar ist die Intensität, mit der die Gestalt Dietrich Bonhoeffers in der ökumenischen Christenheit unserer Tage nachwirkt. Wo Christen sich aus Gründen des Gewissens zum Widerstand gegen die Schändung elementarer Menschenrechte genötigt sehen, geht von seinem Vorbild ermutigende Kraft aus. Und für viele, die befreiende Neuaufbrüche in der Theologie versuchen, ist Bonhoeffer eine der wichtigsten Quellen der Inspiration. Der Weg der evangelischen Kirchen in der DDR ist durch sein Erbe ebenso beeinflußt worden wie die Theologie des Volkes (Minjung) in Südkorea. Der bekennende Widerstand in Südafrika beruft sich ebenso auf ihn wie die lateinamerikanische Theologie der Befreiung. Weit undeutlicher nur ist zu erkennen, inwieweit die Anstöße, die von ihm ausgehen, im westdeutschen Protestantismus Aufnahme gefunden haben. Zum Heiligen der Volkskirche eignet er sich nicht.

Schon lange dauert der Streit darüber an, ob Biographie und Theologie Bonhoeffers durch Umbrüche hindurchgegangen sind oder sich kontinuierlich entwickelt haben. Zwischen dem Pazifismus der frühen dreißiger Jahre und der Beteiligung an der Verschwörung gegen Hitler, aber auch zwischen der frühen, auf die Wirklichkeit der Kirche konzentrierten Theologie und der These von der Religionslosigkeit unserer Zeit, die eine nichtreligiöse Interpretation der biblischen Begriffe erfordere, liegen scheinbar tiefe Einschnitte. Doch stärker als solche Umbrüche ist die Kontinuität der Frage wie der Quelle, aus der Bonhoeffer Antworten erwartete. Seine Grundfrage zielt ins Zentrum des christlichen Glaubens: «Was mich unablässig bewegt, ist die Frage, was das Christentum oder auch wer Christus für uns heute eigentlich ist.» Die Frage ist von zudringlicher Direktheit; ähnlich die Antwort, die Bonhoeffer immer wieder aus der gleichen Quelle erwartet: aus der Zuwendung zu Jesus von Nazareth, dem menschgewordenen, gekreuzigten, auferweckten Christus. In ihrer Intensität erfordern Frage wie Antwort die Bewegung immer wieder erneuerter Umkehr. In ihr besteht die Einheit von Bonhoeffers Lebens- und Denkweg. Drei Stationen dieser Umkehr will ich schildern, um anschließend ihre uneingelöste Zukunftsbedeutung zu bedenken. Ich nenne diese drei Stationen: Umkehr zur Bergpredigt, Umkehr zur Tat, Umkehr zum Leben.

Umkehr zur Bergpredigt

Bonhoeffer war in der Welt des modernen wissenschaftlichen Bewußtseins aufgewachsen. Sein Vater war Psychiater, ein naturwissenschaftlich geprägter Mediziner an der Berliner Universität. Der älteste Bruder war der führende Physikochemiker seiner Generation in Deutschland, der andere Bruder und drei der Schwäger dem freiheitlichen Rechtsstaat verpflichtete Juristen. Das war die Welt, vor der Bonhoeffer sein theologisches Denken verantworten wollte. Die Soziologie und die Erkenntnistheorie der zwanziger Jahre waren das Material, an dem er zuerst sein wissenschaftliches Rüstzeug erprobte. Doch um so elementarer war die Wucht, mit der ihn – wohl im Jahr 1932 – die unmittelbare Begegnung mit der Bergpredigt traf. Sicher hatte er sich mit diesem zentralen Text des Neuen Testaments schon vorher beschäftigt; doch nun hörte er ihn: als befreiende Anrede Jesu, die vorbehaltlosen Gehorsam fordert. Die Erschütterung durch diese Begegnung klingt in einem persönlichen Brief aus dem Jahr 1936 wider: «Ich kam zum ersten Mal zur Bibel. Das ist auch wieder schlimm zu sagen. Ich hatte schon oft gepredigt, ich hatte schon viel von der Kirche gesehen, darüber geredet, geschrieben – und ich war noch kein Christ geworden, sondern ganz wild und ungebändigt mein eigener Herr. ... Daraus hat mich die Bibel befreit und insbesondere die Bergpredigt. Seitdem ist alles anders geworden.»

Nach der Bergpredigt steht der Lebensweg der Jünger Jesu im Dienst der «besseren Gerechtigkeit». In vielfältigen Formen haben die Ausleger dies auf die Innerlichkeit des Glaubens zu beschränken gesucht. Bonhoeffer dagegen widerstand allen Versuchen, die Welt des Glaubens von der Wirklichkeit des Lebens zu trennen. Den in der Bergpredigt vorgezeichneten Weg begriff er als Weg in die Wirklichkeit. Den Einsatz für Frieden und Gerechtigkeit sah er deshalb als die vorrangige Aufgabe der Christen an. Die Erschütterung durch die Bergpredigt klingt noch unmittelbar nach, wenn er im Jahr 1935 seinen vom naturwissenschaftlichen Weltbild geprägten Bruder beschwört: «Ich kann mir immer noch gar nicht recht denken, daß Du wirklich diese Gedanken alle für so gänzlich irrsinnig hältst. Es gibt doch nun einmal Dinge, für die es sich lohnt, kompromißlos einzutreten. Und mir scheint, der Friede und die soziale Gerechtigkeit, oder eigentlich Christus, sei so etwas.»

Der Ort dieses Eintretens war für ihn zugleich die weltweite Ökumene wie die eigene Kirche. Es war die Bergpredigt, die seinen Blick für die Gegenwart schärfte. Daß nationaler Größenwahn und internationale Verwicklungen auf einen neuen Krieg zutrieben, sah er schon 1934. Worin die Aufgabe der Christen und der Kirchen in einer solchen Lage bestand, war ihm nicht zweifelhaft: «Nur das eine große ökumenische Konzil der Heiligen Kirche Christi aus aller Welt kann es so sagen, daß die Welt zähneknirschend das Wort vom Frieden vernehmen muß und daß die Völker froh werden, weil diese Kirche Christi ihren Söhnen im Namen Christi die Waffen aus der Hand nimmt und ihnen den Krieg verbietet und den Frieden Christi ausruft über die rasende Welt.»

Die Ökumene nahm diesen Ruf so wenig auf wie die Bekennende Kirche in Deutschland, der Bonhoeffer sich seit 1935 als Leiter eines Predigerseminars zur Verfügung stellte. In dieser Zeit entfaltete sich die andere Seite der Begegnung mit der Bergpredigt: die Konzentration auf das Bekenntnis zu Christus und die Gestaltung konzentrierter Frömmigkeit in einem nahezu klösterlichen Rahmen. «Nachfolge» und «Gemeinsames Leben» heißen nicht aus Zufall die Titel der beiden Bücher, die Bonhoeffer in dieser Zeit schrieb. Doch daß dieser Weg nach innen keine Abwendung von der politischen Wirklichkeit bedeutete, zeigte sich bald.

Vor einer weitreichenden Entscheidung stand Bonhoeffer im Jahr 1939 angesichts des unmittelbar drohenden Krieges. Die Bekennende Kirche vertrat zur Einberufung ihrer Glieder in den Militärdienst keine klare Position. Um so näher lag es für den Pazifisten Bonhoeffer, im Sommer 1939 einer Einladung nach New York zu folgen. Doch schon während der Schiffsreise stellte er sich die Frage, ob jenseits des Atlantik der richtige Ort für ihn sei, ob Gott ihn wirklich an jenem Ort haben wolle. «Oder bin ich doch dem Ort ausgewichen, an dem Er ist?» Bonhoeffers Tagebuch spiegelt den leidenschaftlichen, einsamen Konflikt, den er durchzustehen hatte. Unausweichlich wurde die Entscheidung dadurch, daß ihm als Aufgabe in Amerika die kirchliche Arbeit mit deutschen Flüchtlingen angetragen wurde, eine Aufgabe, die den Rückweg definitiv versperrt hätte. Am 20. Juni 1939 fiel der Entschluß zur Heimkehr. Es sei ein Fehler gewesen, bekannte Bonhoeffer, nach Amerika zu kommen. Als Motiv der Rückkehr aber nannte er nicht seine kirchliche Aufgabe, sondern die politische Situation: in dieser entscheidenden Phase müsse er in Deutschland sein; sonst verwirke er jedes Recht darauf, nach dem Krieg an dem Wiederaufbau eines christlichen Lebens in Deutschland mitzuwirken. Die eilige Rückreise war eine Umkehr zur Tat. Der Eintritt in den Kreis der Verschwörer, die Mitarbeit in der Gruppe um Canaris und Oster war die folgerichtige Konsequenz.

Freie Verantwortung und verantwortete Freiheit: Dies wurde nun das entscheidende Thema für Bonhoeffers Denken und Handeln. Sein Beitrag zur Konspiration war davon ebenso geprägt wie die Fragmente zur «Ethik», die er gleichzeitig niederschrieb. Vor allem anderen war es die Schuld der eigenen Kirche am Schicksal der «schwächsten und wehrlosesten Brüder Jesu Christi», der Juden, die ihn veranlaßte, in der Konspiration selbst Schuld zu übernehmen. So der Menschenverachtung entgegenzutreten, war für den Christen Bonhoeffer die schlichte Konsequenz aus dem Bekenntnis zu dem, in dem Gott selbst Mensch geworden ist. Widerstand, in aller Zweideutigkeit, war für ihn Nachfolge Jesu. Sich so, mit dem vollen Risiko des eigenen Lebens, auf die Wirklichkeit einzulassen, war für ihn nur die Antwort darauf, daß Gott selbst sich in die Wirklichkeit dieser Welt hineinbegeben hat.

Umkehr zur Tat bedeutete: sich der letzten verantwortlichen Frage zu stellen. Sie aber heißt «nicht, wie ich mich heroisch aus der Affaire ziehen kann, sondern wie eine kommende Generation weiterleben soll». Von jeder Ethik aus Prinzip unterscheidet sich die Ethik lebendiger Verantwortung dadurch, daß sie Arbeit für eine bessere Zukunft ist.

Umkehr zum Leben

Jäh wurde diese Arbeit durch die Verhaftung am 5. April 1943 abgebrochen. Bonhoeffer empfand die ersten Wochen im Tegeler Gefängnis als Trennung im schwersten Sinn: «Trennung von Menschen, von der Arbeit, von der Vergangenheit, von der Zukunft, von der Ehe, von Gott.» Das Abgeschnittensein von der Vergangenheit wie von der Zukunft erlebte er als Tod, der Gedanke an Selbstmord drängte sich auf: «Selbstmord, nicht aus Schuldbewußtsein, sondern weil ich im Grunde schon tot bin, Schlußstrich, Fazit.»

Der Weg aus dieser Verzweiflung, wie er in Bonhoeffers Aufzeichnungen aus der Haft erkennbar wird, umfaßt, so deute ich ihn mir, zwei Schritte. Bonhoeffer überwand zunächst den Graben zur Vergangenheit. Literarischer Ausdruck dieses Schritts sind die Fragmente eines Dramas und eines Romans, in denen Bonhoeffer sich seiner Herkunft vergewisserte. Daraus wuchs die Kraft, sich der Zukunft zuzuwenden: Die Briefe des Jahres 1944 und die Skizze einer geplanten Arbeit zeichnen die Vision einer zukünftigen Gestalt des christlichen Glaubens und der Kirche. In diesen zwei Schritten einer neuen Aneignung der Vergangenheit und einer neuen Zuwendung zur Zukunft vollzog sich eine Umkehr zum Leben im Angesicht des Todes.

Diese Umkehr zum Leben hat darin ihren Grund, daß sich Bonhoeffers Wahrnehmung der Gestalt nicht nur, sondern der Person Jesu noch einmal verdichtet. Der verlassene Jesus im Garten Gethsemane – «Wollt ihr nicht eine Stunde mit mir wachen?» –, der Christus am Kreuz – «Mein Gott, mein Gott, warum hast du mich verlassen?» – verbürgt die Nähe Gottes. «Gott läßt sich aus der Welt herausdrängen ans Kreuz, Gott ist ohnmächtig und schwach in der Welt und gerade und nur so ist er bei uns und hilft uns.» Christus hilft nicht «kraft seiner Allmacht, sondern kraft seiner Schwachheit, seines Leidens!» Die Teilnahme am Leiden Gottes in der Welt ist der Weg zum Leben. Damit ist aber auch für dieses Leben selbst die Richtung angegeben: Wenn Jesus, wie sein Weg in die Einsamkeit der Verzweiflung und in den Tod am Kreuz zeigt, der «Mensch für andere» ist, dann ist das «Dasein für andere» der Lebensvollzug der Christen. Ein strenger Maßstab auch für die Kirche: Sie steht nur dann auf der Seite Jesu, wenn sie für andere da ist.

Umkehr zum Leben bedeutet nicht Umkehr zur Religion. So zudringlich Bonhoeffer in Finkenwalde wie dann – auf eine freilich sehr andere Weise – im Tegeler Gefängnis von der

Nachfolge Jesu und vom Glauben an den Gekreuzigten spricht, so verweigert er sich doch einer Wiederbelebung der «Religion». Er will keine religiöse Sonderwelt malen, die von der Wirklichkeit und ihren Konflikten ablenkt. Glaube meint nicht die Zuwendung zu einem abgesonderten religiösen Bezirk, sondern ist ein Lebensakt. Diese Einsicht bildet den Hintergrund für Bonhoeffers aufsehenerregende Behauptungen über das Zeitalter der Religionslosigkeit, über die Mündigkeit des modernen Bewußtseins, an deren Revision sich die Kirche selbst dann nicht beteiligen sollte, wenn sie es könnte.

Der erste Schritt zu einer neuen Gestalt des Christentums – daß dessen alte westliche Gestalt vergehen müsse, war Bonhoeffer schon lange vor der Gefängniszeit gewiß – ist Redlichkeit. Sie aber nötigt zu der Einsicht, daß die Menschen für die Gestalt ihres Lebens und ihrer Welt selbst die Verantwortung tragen. «Gott gibt uns zu wissen, daß wir leben müssen als solche, die mit dem Leben ohne Gott fertig werden. Der Gott, der mit uns ist, ist der Gott, der uns verläßt. Der Gott, der uns in der Welt leben läßt ohne die Arbeitshypothese Gott, ist der Gott, vor dem wir dauernd stehen. Vor und mit Gott leben wir ohne Gott.» Als Teilnahme Gottes am Leiden der Welt und als Teilnahme der Christen am Leiden Gottes hat Bonhoeffer die Einheit von Gotteswirklichkeit und Weltwirklichkeit gedacht. Aus dieser Einheit begründete er die Kraft, die die Zukunft nicht preisgibt – auch nicht im Angesicht des Todes.

Folgerungen

Drei Stationen einer immer wieder erneuerten Umkehr habe ich beschrieben. Ich folge diesen Stationen ein zweites Mal in umgekehrter Reihenfolge und frage nach den Folgerungen, die wir aus Bonhoeffers Erbe ziehen können.

Umkehr zum Leben bedeutet nicht Umkehr zur Religion. Bonhoeffers These von der Religionslosigkeit unserer Zeit hat in der Säkularisierungsbegeisterung der fünfziger und sechziger Jahre bei manchen eine zu leichtfertige Aufnahme gefunden. In den Regressionen der siebziger und achtziger Jahre dagegen wurde sie als Fehleinschätzung denunziert. Neue Wellen der Religion galten als Beleg dafür, daß Bonhoeffer sich getäuscht habe. Doch Bonhoeffer vertritt nicht eine religionssoziologische Behauptung über das allmähliche Absterben der Religion. Seine These heißt vielmehr: Der biblische Glaube und das Bewußtsein der Moderne treffen sich darin, daß für einen ausgegrenzten Sonderbezirk des Religiösen kein Platz bleibt.

«Religion» ist das historische Gewand, mit dem das Christentum sich im Abendland bekleidet hat. Diese Religion läßt sich durch vier Merkmale kennzeichnen: durch eine räumlich begriffene Transzendenz Gottes (das «Jenseits» als der Ort Gottes), durch die Individualisierung der Gottesbeziehung (der «Einzelne» und sein Gott), durch die Begrenzung Gottes auf das Unerklärbare (Gott als «Arbeitshypothese» und «Lückenbüßer») und schließlich durch die Abspaltung der Innerlichkeit als Sphäre der Religion (christlicher Glaube als «Religion des Herzens»). Der Religion einen so abgegrenzten Raum zu reservieren, widerspricht der Redlichkeit des Denkens wie dem Sinn des jüdisch-christlichen Glaubens.

Geirrt hat Bonhoeffer nicht in der Kritik *dieser* Religion, sondern in dem Anschein, daß er damit eine prinzipielle, unüberwindliche Barriere zwischen dem christlichen Glauben und den nichtchristlichen Religionen aufrichtet. Wie fragwürdig eine solche Barriere sein kann, hat er selbst schon früh erkannt, als er erwartete, im Hinduismus Indiens mehr von der Wahrheit des christlichen Glaubens zu finden als in der westlichen Form des Christentums.

Religion ist eben, wie diese indische Sehnsucht vielleicht andeuten kann, nicht notwendig etwas «Partielles», sondern selbst ein «Lebensakt»: Ausdruck der Erfahrung, daß sich menschliches Leben einem größeren Daseinszusammenhang verdankt. Weil sie so den Menschen von sich selbst distanziert, kann sie der Grund einer radikalen Ethik sein; einer Ethik des Daseins für andere. Folgt man Bonhoeffer, so hängt die Zukunft des christlichen Glaubens an dem Zusammenhang zwischen der Eindeutigkeit seines Christusbekenntnisses und der Klarheit seiner Ethik.

Denn der Hinweis auf die «Mündigkeit» der modernen Welt ersetzt die Suche nach einer solchen Ethik nicht. Die Mündigkeit selbst enthält noch nicht den Entwurf eines gelingenden und verantwortbaren Lebens; bleibt doch die neuzeitliche Mündigkeit in einer Lebensform verwurzelt, die auf die Ausdehnung menschlicher Herrschaft über die Natur und auf die Vermehrung menschlicher Macht ausgerichtet war. Deshalb vermag gerade der «mündige» Mensch nicht zu unterscheiden zwischen dem, was er *tun*, und dem, was er *verantworten* kann. Vielmehr ist der Imperativ, daß der Mensch tun *soll*, was er tun *kann*, die entscheidende Regel der durch Wissenschaft und Technik bestimmten «mündigen Welt».

Der erste Einsatz von Atomwaffen kurz nach Bonhoeffers Tod und die fortdauernde Rüstung mit Massenvernichtungsmitteln sind ebenso zu Symbolen für die tiefe Ambivalenz dieser Mündigkeit geworden wie die vor uns stehende genetische Manipulation am Menschen. Je ausgreifender die menschlichen Herrschaftsmöglichkeiten werden, desto dringender ist eine Gegenbewegung, die Bonhoeffer selbst als den «Blick von unten» beschrieben hat: die Betrachtung menschlicher Herrschaft mit den Augen derer, die ihr ausgesetzt sind – was für uns heute heißt: mit den Augen der Opfer wirtschaftlicher Expansion bei uns wie in Ländern der Dritten Welt, der zum Material entwürdigten außermenschlichen Natur und der Angehörigen künftiger Generationen, deren Lebenschancen wir verspielen. Die Ethik lebendiger Verantwortung, die Bonhoeffer vor Augen stand, ist mehr als eine Ethik der Mündigkeit. Sie ist eine Ethik bewußter Selbstbegrenzung im Angesicht des Todes. Die kürzeste Ortsanweisung für die Christen fand Bonhoeffer in einem Satz des Alten Testaments, der hebräischen Bibel: «Tu deinen Mund auf für die Stummen.»

In dieser Ortsanweisung gewinnt seine Umkehr zum Leben eine Bedeutung, die über ihren ursprünglichen biographischen Ort weit hinausreicht.

Vielleicht liegt in Bonhoeffers *Umkehr zur Tat* der ärgerlichste Anstoß für die Gegenwart. Und dies nicht nur deshalb, weil seine Tat die Gestalt der Verschwörung annahm. Daß entschlossenes Tun die Nagelprobe des christlichen Glaubens sei, gilt heute vielen als eine verhängnisvolle Moralisierung des Glaubens, als eine Verkehrung des Evangeliums von der freien Gnade Gottes in ein Gesetz des Handelns. Für Bonhoeffer dagegen war eine solche Trennung von Glauben und Handeln immer eine Ausflucht in die «billige Gnade». Die teure, die kostbare Gnade Gottes ernst zu nehmen, heißt dagegen: sich auf die Wirklichkeit der Welt einzulassen und den Aufgaben nicht auszuweichen, die sie stellt.

Bonhoeffer ging nicht den Weg von der Theologie zum Handeln, von der Kirche zur Welt, von der Reflexion zur Aktion. Er hat nicht erst Theologie gedacht, um sie dann zu tun. Sondern Glaube und Handeln, Reflexion und Aktion bildeten für ihn eine unauflösliche Einheit. Daß er sich zur gleichen Zeit an der Verschwörung gegen Hitler beteiligte und an der «Ethik» schrieb, die sein Lebenswerk werden sollte, ist dafür der eindrücklichste Beleg. Sein theologisches Nachdenken wurde um so intensiver, je vorbehaltloser er sich auf die politische Wirklichkeit einließ. Seine ethische Reflexion drang um so weiter vor, je größer das Wagnis des politischen Handelns war, auf das er sich einlassen mußte. Verantwortung hieß der Schlüssel, der die Tür zu beidem öffnete.

Mit Aktionismus ist Bonhoeffers Umkehr zur Tat nicht zu verwechseln. Entscheidend ist vielmehr, daß er auch in der Zuwendung zu lebendiger Verantwortung die Konzentration auf Christus festhielt, der die Gotteswirklichkeit in der Weltwirklichkeit erschließt. Deshalb gehörte für Bonhoeffer zusammen, was in vielen heillosen kirchlichen Auseinandersetzungen so oft auseinandergerissen wird: die Arkandisziplin des Glaubens und die Weltlichkeit des Handelns, das Beten und das Tun des Gerechten, das gottesdienstliche Lied und der Schrei für die Stummen.

Vorbild kann Bonhoeffer gerade darin sein, daß er den Weg zu einer Gestalt christlichen Lebens und Handelns jenseits von Rigorismus und Anpassung erschließt: jenseits einer Anpassung, die die Zukunft an die herrschenden Verhältnisse der Gegenwart verrät, aber auch jenseits eines Rigorismus, der um der Zukunft willen aus der Gegenwart auswandert. Beide Fluchtwege aus verantwortlichem Handeln sind versperrt. Denn: «Die Unverantwortlichkeit der Zukunft gegenüber ist Nihilismus, die Unverantwortlichkeit der Gegenwart gegenüber ist Schwärmerei»: Näher an unserer Situation gesagt: Weder die Anpassung an den für viele noch immer behaglichen Wohlstand noch die Erwartung einer atomaren Apokalypse soll uns davon abhalten, um der Zukunft willen das uns heute Mögliche zu tun, um zu mehr Frieden und mehr Gerechtigkeit beizutragen.

Was ist der Weg zum Frieden? Bonhoeffers nachhaltigste Provokation für die Gegenwart liegt in seiner *Umkehr zur Bergpredigt*. Die Begegnung mit ihr nötigte ihn dazu, zwischen zwei Wegen zum Frieden schroff zu unterscheiden: zwischen dem Weg der Sicherheit und dem anderen Weg der Feindesliebe, zwischen der Überwindung des Gegners und der Überwindung des Hasses. Daß Aufrüstung immer damit begründet wird, nur so könne man den Frieden gegen die bösen Absichten des Gegners schützen, war Bonhoeffer so vertraut wie uns Heutigen. Daß dieser Weg scheitert, weil er Frieden mit Sicherheit verwechselt, hat er schärfer gesehen, als viele sich heute eingestehen möchten. Und doch drängen die heutigen Systeme kollektiver Selbstvernichtung noch viel massiver die Einsicht auf: Was Frieden und Überleben bedroht, ist nicht der Gegner allein, sondern ist die wechselseitige Gegnerschaft, in der die Bedrohung des andern als die Garantie der eigenen Sicherheit gilt. Daß Frieden nicht gegen den anderen gesichert, sondern nur mit ihm gewagt werden kann, gilt heute noch mehr, als es vor einem halben Jahrhundert galt. In der tiefsten Gefahr der Gegenwart enthüllt sich die Wahrheit der Bergpredigt.

Aus ihr ergibt sich deshalb das Gebot, an dem Christen heute ihr Friedenshandeln orientieren können. Über die Grenzen der Kirchen hinaus wird es nur gehört werden, wenn die Kirchen es gemeinsam für sich selbst als verbindlich anerkennen. Der Ort, an dem sie sich diesem Gebot unterstellen können, ist ein Konzil des Friedens. Weil er die ökumenische Gemeinschaft der Kirchen für verpflichtet hielt, die Wahrheit der Bergpredigt auszusprechen, rief Bonhoeffer im Jahr 1934 zu einem Konzil des Friedens auf.

Der Aufruf zum Konzil des Friedens – Prophetie und Wirklichkeit

Die äußeren Umstände dieses Aufrufs sind schnell erzählt. Anderthalb Jahre nach der nationalsozialistischen Machtübernahme, im August 1934, trat im dänischen Fanö eine ökumenische Konferenz zusammen. Zwei wichtige Teile der jungen ökumenischen Bewegung waren repräsentiert: die Bewegung für praktisches Christentum und der Weltbund für Freundschaftsarbeit der Kirchen. Ein Hauptvortrag über «Kirche und Völkerwelt» und eine Morgenandacht waren dem damals achtundzwanzigjährigen Bonhoeffer übertragen. Einer dieser beiden Texte ist erhalten; er beginnt mit einem Psalmwort: «Ach daß ich hören sollte, was der Herr redet, daß er Frieden zusagt seinem Volk und seinen Heiligen»: Daß Gott seinem Volk Frieden zusagt, war Bonhoeffers Thema. Deshalb proklamierte er an diesem Morgen das Konzil des Friedens. Denn ein Konzil des Friedens ist der Ort, an dem die Christenheit, das Volk Gottes, die Zusage des Friedens wirklich hört. Was Bonhoeffer von einem Konzil des Friedens erwartete, und was heute aus seinen Erwartungen zu lernen ist, soll in diesen Überlegungen zu Bonhoeffers Erbe bedacht werden. Dabei greife ich aus Bonhoeffers Ansprache von 1934 fünf Sätze – nicht ohne Willkür – heraus. Diesen fünf Sätzen gehe ich jeweils in drei knappen Schritten nach. Ich frage zunächst nach dem Anlaß dieser Sätze bei Bonhoeffer; ich prüfe dann, welche Perspektive sie uns Heutigen erschließen; und ich deute schließlich Folgerungen an, die sich aus ihnen ziehen lassen.

1. *«Frieden soll sein, weil Christus in der Welt ist.»* Dietrich Bonhoeffers Weg in der ökumenischen Bewegung begann mit der Erfahrung, daß die erste ökumenische Zusammenkunft, an der er 1931 in Cambridge teilnahm, vor der Aufgabe versagte, eine klare Erklärung zum Problem der Abrüstung abzugeben. Bonhoeffer schrieb über diese Tagung einen Bericht, der mit dem Satz endete: «Wann wird die Zeit kommen, da die Christenheit das rechte Wort zur rechten Stunde spricht?» Bonhoeffers Überzeugung war von Anfang an: Das Wort der Kirchen kann nicht einfach in einer Kopie säkularer Friedensprogramme bestehen. Die Gefährdung des Friedens wirft sie vielmehr mit neuer Wucht auf das Zentrum ihres Glaubens zurück. Nur von hier aus können sie etwas sagen, was Gehör verdient.

Für Bonhoeffer ist der christliche Glaube kein kompliziertes Gedankengebäude; er ist ein Verstehen der Wirklichkeit aus der Perspektive Christi. Deshalb heißt seine Antwort auf die Frage des Friedens: Friede soll sein, weil Christus in der Welt ist. Die Wirklichkeit der Versöhnung ist der Grund der Pflicht zum Frieden. In einfachem, schlichtem Gehorsam sollen die Christen dieser Pflicht nachkommen. Der Anfang dieses schlichten Gehorsams ist die Feindesliebe. Sie bestreitet nicht, daß es Feindschaft gibt; sie ist der Lernvorgang, in dem Menschen lernen, sich selbst mit den Augen des anderen zu sehen, den sie für ihren Feind halten. Sie lernen, wieso sie selbst vom andern als Feind erfahren werden, wieso sie dessen Feind sind. Die politische Praxis des christlichen Glaubens zeigt sich im Lernvorgang der Feindesliebe.

2. *«Es gibt keinen Weg zum Frieden auf dem Weg der Sicherheit.»* Im August 1934 hatte Bonhoeffer zur Genüge erfahren, daß

das Mißlingen von Abrüstung den Revanchismus in Deutschland gefördert und Aufrüstung um der Sicherheit willen zu einer beifallsfähigen Forderung gemacht hatte. Aus dieser Erfahrung ergab sich für ihn die Prognose, daß auch im aktuellen Fall Aufrüstung nicht zum Frieden, sondern zum Krieg führen mußte. Deshalb: «Es gibt keinen Weg zum Frieden auf dem Weg der Sicherheit.»

An der Markscheide dieses Satzes entzündet sich bis heute der Konflikt zwischen zwei Verständnissen des Friedens. Ihr Gegensatz ist freilich weit älter. Gegeneinander stehen die Vorstellung von *pax* als Herrschaftsordnung und von *Schalom* als Lebensform. *Pax* als Herrschaftsordnung meint die Befriedung einer Region durch die Durchsetzung einer Zentralmacht, Befriedung durch Herrschaft. Diese Friedensvorstellung schließt notwendigerweise ein, daß an den Grenzen dieses Herrschaftsbereichs der Frieden aufhört. Jenseits seiner Grenzen leben die Barbaren. Schalom als Lebensform meint den Frieden als eine Kultur des Zusammenlebens, die den Krieg Schritt für Schritt verdrängt. Deshalb kann man das Alte Testament als eine Geschichte der allmählichen Distanzierung Gottes vom Krieg lesen. Deshalb schildert das Neue Testament den Frieden als Gnade, die eine Praxis der Feindesliebe möglich macht.

Frieden als Lebensform ist mehr als die Bändigung der Gewalt. Er schließt die gleiche Freiheit aller Menschen und die Versöhnung mit der Natur ein. Daß die Gewalt gebändigt und die Institution des Krieges überwunden werden muß, ist eine Einsicht, die in der politischen Ethik heute von Vertretern einer Lehre vom gerechten Krieg ebenso formuliert werden kann und muß wie von Anhängern eines prinzipiellen Pazifismus. Die Vernunft der Bergpredigt drängt sich auch denen auf, die bisher den Krieg für ein unausweichliches Mittel des Konflikts zwischen den Staaten hielten. Die konziliare Verständigung zwischen den Christen muß darauf ausgehen, daß dieser Konsens sich durchsetzt und sich auf die Fragen der Gerechtigkeit und der Versöhnung mit der Natur ausdehnt.

3. *«Das ökumenische Konzil ist versammelt.»* Bonhoffers kühnes Unternehmen bestand darin, aus der Zusage der Versöhnung Folgerungen für den Begriff des weltlichen Friedens zu ziehen. Dem entspricht der Rückgriff auf die verbindlichste Form kirchlicher Äußerung: das Konzil. Doch Bonhoeffer ruft in seiner Ansprache am 28. August 1934 in Fanö nicht zu einem ökumenischen Konzil auf. Er schlägt nicht vor, ein Konzil zu *planen*. Er *proklamiert* das Konzil. Er nimmt die Versammlung in Fanö als ökumenisches Konzil des Friedens in Anspruch. Von dieser Zumutung waren die ökumenischen Delegierten jener Zusammenkunft eher peinlich berührt. Sie waren konsterniert von dem konfrontativen Ton, in dem der junge Theologe aus Deutschland diese Zumutung aussprach. Über die Möglichkeiten jener Versammlung ging ein solches Ansinnen weit hinaus.

Als der Evangelische Kirchentag in Düsseldorf 1985 den Aufruf zum Konzil des Friedens beschloß, proklamierte er nicht ein Konzil; er folgte Carl Friedrich von Weizsäckers Vorschlag, ein solches Konzil zu planen. Ein Prozeß des Abwägens kam in Gang, bei dem man auch mit dem Begriff des Konzils vorsichtiger umzugehen begann. Die Versammlung wird, wenn sie zusammentritt, nicht «Konzil» heißen. Allenfalls im nachhinein wird man sagen: Das ökumenische Konzil war versammelt.

4. *«Müssen wir uns von den Heiden im Osten beschämen lassen?»* Bonhoeffer meint mit diesem Satz Mahatma Gandhi. Im Hintergrund steht seine Erschütterung durch die Bergpredigt. Der Satz drückt die Erschütterung darüber aus, daß eine Praxis der Bergpredigt am ehesten bei Nicht-Christen zu beobachten ist – eben bei Gandhi. In den Wochen der Konferenz von Fanö arbeitete Bonhoeffer intensiv an dem Plan, Gandhi in Indien zu besuchen. Am 1. November 1934 antwortete Gandhi ihm, er könne gern zu ihm kommen und an seinem Alltag teilnehmen, soweit er nicht im Gefängnis oder unterwegs sei. Der Plan zerschlug sich. Doch er zeigt, daß Bonhoeffer die Beschämung durch die Heiden im Osten am eigenen

Leib erfahren wollte. Er wollte den Weg der Gewaltfreiheit lernen. Er wollte der Christenheit die Wahrheit der Bergpredigt zurückbringen, nach der dem gewaltfreien Handeln der Vorrang vor allen Formen der Gewalt zukommt. Er wollte lernen, wie man handelt, wenn man wirklichen Frieden nicht nur für denkbar, sondern auch für erreichbar hält.

Heute zwingt die Steigerung der verfügbaren Gewaltmittel dazu, Frieden zu denken und entschieden zu wollen. Der Beitrag der Christen liegt zuallererst darin, daß sie «die vorrangige Option» für die Gewaltfreiheit für sich selbst als verpflichtend anerkennen. Im christlichen Eintreten für Gerechtigkeit und Frieden verbindet sie sich mit der vorrangigen Option für die Armen wie für die Versöhnung mit der Natur.

Über Jahrhunderte hinweg hatte sich gerade die christliche Ethik an die Vorstellung gewöhnt, die Gewalt zwischen den Staaten sei mit Recht und Gerechtigkeit zu vereinbaren. Dies ist heute nicht länger zu vertreten. Die Lösungen, die in dieser Situation angeboten werden, klaffen weit auseinander. Die eine Seite versucht, Unverwundbarkeit zu errüsten – und wenn die Militarisierung dafür noch so weit in den Weltraum reichen muß. Dagegen steht die Überzeugung der anderen, daß wir nur so lange menschlich miteinander leben können, wie wir uns wechselseitig unsere Verwundbarkeit eingestehen. Die Unmenschlichkeit moderner Vernichtungsmaschinerien erzwingt den Übergang zur Menschlichkeit in den internationalen Beziehungen. Dafür, daß er noch rechtzeitig vollzogen wird, können Christen eintreten.

5. *«Heute noch – wer weiß, ob wir uns im nächsten Jahr noch wiederfinden.»* Der konfrontative Ton von Bonhoeffers Appell geht auf die Überzeugung zurück, daß die Ökumene im Jahr 1934 die entscheidende Stunde (den «Kairos») bereits versäumt hatte. Er sah die Gefahr und Wahrscheinlichkeit des Krieges voraus. Und dies nicht nur deshalb, weil Wettrüsten in aller Regel in den Krieg führt, sondern weil die Kriegsabsicht einer Macht, des Landes nämlich, dem Bonhoeffer selbst angehörte, sich abzeichnete.

Geschichte wiederholt sich nicht; aber geschichtliche Prägungen wirken fort. Was am ehesten sich wiederholt, sind typische Fehler. Und was am stärksten fortwirkt, sind die Folgen geschichtlicher Schuld. Darum habe ich die Situation, in der Bonhoeffer zum ersten Mal von einem ökumenischen Konzil des Friedens sprach, in Erinnerung gerufen. Denn es gibt keine Vorbereitung auf die Zukunft ohne die Wahrnehmung der Vergangenheit. Es gibt keine gemeinsame Sicherheit, ohne daß wir den trennenden Fakten der Vergangenheit Zugang zu unserem Inneren gewähren. Es gibt keine Brücken der Verständigung ohne das Eingeständnis von Schuld. Politische Verantwortung bildet sich nicht ohne das intensive Befragen derer, die dank der Gnade der frühen Geburt von einer Vergangenheit berichten können, deren Schuld nicht einfach vergeht.

Keine Gegenwart ist mit einer anderen Zeit identisch; worin sie sich gleichen, worin sie unterschieden sind, ist allenfalls im Rückblick zu entscheiden. Über Bonhoeffers konfrontativen Ton ging die Versammlung von Fanö zu Unrecht zur Tagesordnung über. Damals drängte die Zeit wirklich. Nach nur fünf Jahren brach der Zweite Weltkrieg aus. Eine Warnung für alle, die Überlegungen zur Wahrscheinlichkeit des globalen Atomkriegs allenfalls im Feuilleton erörtern. Die Geschwindigkeit des Wettrüstens zeigt: Die Zeit drängt, auch heute.

Was macht in solch bedrängenden Zeiten das Christsein aus? Mit Dietrich Bonhoeffer antworte ich: Christsein zeigt sich in der Bereitschaft, um der Zukunft willen der Wirklichkeit standzuhalten. Christen, so Bonhoeffer, sind Kinder der Zukunft.

THEOLOGIE DER BEFREIUNG – EIN ANSTOSS MARTIN LUTHERS

In Bonhoeffers Weg vom Pazifismus zur Verschwörung, in seiner Umkehr zur Bergpredigt und in seiner Vision eines ökumenischen Friedenskonzils begegnet uns eine besonders profilierte Gestalt politischer Ethik im Protestantismus. Durch den kirchlichen Konsens seiner Zeit war dieser Weg nicht gedeckt; der Protestantismus hat sein Erbe noch nicht eingelöst. Ob es für die evangelische Tradition charakteristisch ist, ob es in ihr einen legitimen Ort hat, scheint alles andere als sicher zu sein. Bonhoeffers Absage an die zwischenstaatliche Gewalt, seine Bereitschaft zum Widerstand um der Menschenrechte willen, seine Unterstützung des Attentats gegen den tyrannischen Terror: all das paßt nicht ins geläufige Bild der protestantischen Ethik. Die Rückfrage ist unausweichlich: Worin liegt der Ausgangspunkt der politischen Ethik in der Reformation? Ist sie für uns heute nur noch anstoßerregend, oder kann sie Anstöße geben, die weiterwirken? Am Beispiel Luthers und der Tradition, die sich auf ihn beruft, will ich diesen Fragen nachgehen. Die Schweizer Reformation Zwinglis und Calvins, gerade für die Fragen der politischen Ethik von nicht geringerem Gewicht, bleibt außer Betracht.

Der Streit um die politischen Folgen der Reformation

Ein verbreitetes Urteil sieht die wichtigste politische Folge der Reformation in der Erziehung der Deutschen zum Gehorsam gegenüber der Obrigkeit, im Untertanengeist. Der Begriff der «Obrigkeit» ist durch Luther in der deutschen Sprache heimisch geworden; der berühmte Satz des Paulus, mit dem das 13. Kapitel des Römerbriefs beginnt, wurde nicht zufällig in Luthers Übersetzung zum geflügelten Wort: «Jedermann sei untertan der Obrigkeit, die Gewalt über ihn hat. Denn es ist keine Obrigkeit ohne von Gott. Wo aber Obrigkeit ist, die ist von Gott verordnet.»

Welche Gestalt auch immer die Obrigkeit haben mag, was auch immer sie befiehlt, sie ist von Gott verordnet und kann auf Unterwerfung Anspruch erheben. Der Untertanengeist, so scheint es, ist bei Luther und in Luthers Rückgriff auf Paulus angelegt. Am deutlichsten zeigt er sich in den flammenden Worten, mit denen der Reformator den aufrührerischen Bauern entgegentritt, als er sie auffordert, ihren Widerstand gegen die Obrigkeit aufzugeben, alle Gewaltsamkeit einzustellen und zum schlichten Gehorsam zurückzukehren. Die Fürsten aber ermuntert und ermächtigt er, mit allen verfügbaren Gewaltmitteln den Widerstand der Bauern gegen die rechtmäßige Obrigkeit zu brechen. Ja: denen, die den Ungehorsam gewaltsam niederringen, verspricht der Reformator, der Wiederentdecker der Rechtfertigung allein aus Glauben, himmlischen Lohn: «Solch wunderliche Zeiten sind jetzt, daß ein Fürst den Himmel mit Blutvergießen verdienen kann, besser denn andere mit Beten.»

Was hat Luther zu einer derart schroffen Apologie des Untertanengeistes veranlaßt – oder soll ich sagen: verführt? Zwei Momente spielen zusammen.

Zunächst: Luther war darin ein zutiefst mittelalterlicher Mensch, daß er von der realen Wirksamkeit des Teufels überzeugt war. Die Welt – das ist für ihn der Schauplatz des Kampfes zwischen Gott und dem Teufel. Dieser Kampf dauert an bis zum Jüngsten Tag. Aufgabe des Menschen ist es, sich an diesem Kampf auf Gottes Seite zu beteiligen und im Ringen mit den Mächten des Bösen die Erde zu erhalten. Eine christliche Obrigkeit hat die Aufgabe, dem Bösen entgegenzutreten und im weltlichen Regiment am Kampf Gottes mit dem Teufel teilzunehmen. Im Aufstand der Bauern sah Luther einen Ausbruch des Teuflischen im Menschen; ihre Gewalttaten hatten für ihn dämonische Gestalt. Deshalb sein Appell an die Fürsten zum rücksichtslosen Einschreiten.

Das andere trat hinzu: Luther trennte sich darin vom Mittelalter, daß er der Vermischung von religiösen Hoffnungen und politischen Zielen den Abschied gab. Die mittelalterliche Kirche, die geistliche und weltliche Herrschaft zugleich ausüben wollte, hatte ihn die Notwendigkeit gelehrt, zwischen beidem deutlich zu unterscheiden, wenn auch keineswegs zu trennen. Das geistliche Regiment Gottes wirkt nur durch das Wort, nicht durch Gewalt. Darin unterscheidet es sich vom weltlichen Regiment, in welchem dem Bösen auch mit den Mitteln der Gewalt gewehrt werden muß. Bei den Bauern aber sah Luther eine heillose Vermischung von politischen Forderungen und religiösen Vorstellungen am Werk. Sie wollten ihrem Widerstand dadurch ein unbezweifelbares Recht geben, daß sie die Gerechtigkeit, die sie einklagten, mit dem Reich Gottes gleichsetzten.

Gegen diese Vermischung richtete sich Luthers Protest. Und weil er von dem Gedanken, die Welt sei durch den Kampf zwischen Gott und dem Teufel bestimmt, nahezu besessen war, verstieg er sich bis zur Verteufelung der Bauern – wie er übrigens aus demselben Grund auch die Papisten und die Juden mit maßlosen und erschreckenden Worten verteufelte. Darüber ging ihm schließlich sogar der Sinn für die Forderungen der Bauern, die auch er als durchaus berechtigt anerkannt hatte, verloren. So versperrte er Teilen des Protestantismus bis zum heutigen Tag den Zugang zu der Frage, ob der Glaube politische Konsequenzen hat, ja wann er äußerstenfalls in den zivilen Ungehorsam gegen einzelne staatliche Entscheidungen oder in den politischen Widerstand gegen eine ungerechte Staatsordnung als solche führen kann.

Ich will noch ein weiteres Motiv in Luthers Denken erwähnen, aus dem sich erklärt, warum wir mit der Frage nach den politischen Folgen der Reformation zunächst Obrigkeitsgehorsam und Untertanengeist verbinden. Luther hat die Gehorsamspflicht gegenüber der Obrigkeit mit den Pflichten der Kinder gegenüber den Eltern in Parallele gesetzt und beides aus dem Vierten Gebot abgeleitet, das dazu anhält, Vater und Mutter zu ehren. Daraus ergibt sich die Vorstellung, der Fürst als Landesvater und alle Amtspersonen seien mit väterlicher Gewalt ausgestattet; sie hat sich den Deutschen tief ins Gemüt gegraben. Kaum ein Gedanke der Reformation war so erfolgreich wie dieser. Er wurde noch dadurch unterstützt und bestärkt, daß auch die Kirche selbst sich unter die Obhut der Landesväter begab. Die Fürsten – und mochten sie in Einzelfällen wie in Sachsen oder Bayern auch katholisch sein – erhielten die Würde eines obersten Bischofs ihrer jeweiligen evangelischen Landeskirche; bis zur Novemberrevolution des Jahres 1918 hatte diese Regelung Bestand. Das Staatskirchentum dieses landesherrlichen Kirchenregiments stützte noch wirksamer als alle theologischen Überlegungen und Katechismusformeln den Untertanengeist, der deshalb noch heute als die wichtigste politische Folge der Reformation erscheint.

Wußte die Reformation über das Verhältnis von Glauben und Politik nichts anderes zu sagen, als zum Gehorsam aufzufordern? Es gibt in Luthers Werk eine unübersehbare, wenn auch häufig verdrängte andere Linie, die aus der Einsicht in die Befreiung der Gewissen Konsequenzen für das Handeln der politischen Obrigkeit wie der Gewaltunterworfenen zieht. Luther hat, darin seiner Zeit weit voraus, die Glaubens- und Gewissensfreiheit als Grenze der staatlichen Gewalt und von hier aus die Sicherung menschlicher Grundrechte als Maßstab zur Beurteilung staatlichen Handelns betrachtet. Dieser ungewohnte Schritt ergibt sich aus der Entschiedenheit, mit der Luther das Evangelium als Freiheitsbotschaft und den christlichen Glauben als Weg der Freiheit begriff. Was ich seine politische Theorie der Gewissensfreiheit nennen will, wurde häufig vergessen und verdrängt; doch dem Kern der reformatorischen Entdeckung hielt er ohne Zweifel höher als Obrigkeitsgehorsam und Untertanengeist.

Von der Freiheit eines Christenmenschen

Trotz der fatalen Geschichte lutherischer Staatsfrömmigkeit bleibt richtig: Die weltgeschichtliche Bedeutung der Reformation hängt an der Radikalität, mit der die Reformatoren ein einziges Thema ins Zentrum der christlichen Existenz wie des theologischen Nachdenkens rückten. Reformation heißt insgesamt nichts anderes als die Wiederentdeckung der christlichen Freiheit. Daß es sich dabei um eine überraschende Entdeckung handelt, hat Luther durch den provozierenden Widerspruch deutlich gemacht, mit dem er die christliche Freiheit beschrieb. «Von der Freiheit eines Christenmenschen» heißt der Titel der entscheidenden reformatorischen Schrift, mit der er im Jahr 1520 die in der päpstlichen Bannbulle gegen ihn gerichteten Vorwürfe zurückweisen wollte. Den Inhalt dieser Schrift bündelte Luther in zwei Thesen:

«Ein Christenmensch ist ein freier Herr über alle Dinge und niemandem untertan. Ein Christenmensch ist ein dienstbarer Knecht aller Dinge und jedermann untertan.»

Die paradox klingende Verknüpfung von Freiheit und Dienst findet man noch kürzer bei einem anderen großen Theologen der Reformation, bei Johannes Calvin: «Gott zu dienen ist die höchste Freiheit.»

Inwiefern handelt es sich bei diesem Hinweis auf die christliche Freiheit um eine neue Entdeckung, an die anzuknüpfen heute noch lohnt? Dieser Frage will ich etwas genauer nachgehen. Ich will zunächst klären, worin sich denn die christliche

Freiheit zeigt. Ich will dann die Behauptung verfechten, daß man das Erbe der Reformation heute als eine «Theologie der Befreiung» entfalten muß. Und ich will schließlich einige Schritte der Befreiung erwägen.

Reformation, so sagte ich, heißt nichts anderes als die Wiederentdeckung der christlichen Freiheit. An die Reformation anzuknüpfen, heißt, Anschluß an diese gefährliche Entdekkung zu suchen. Die Entdeckung der christlichen Freiheit ist deshalb gefährlich, weil sie jeden, der sie für sich in Anspruch nehmen will, dazu nötigt, sie auch kritisch gegen sich selbst gelten zu lassen. Christliche Freiheit im reformatorischen Verständnis hat einen selbstkritischen Sinn.

Darin unterscheidet sie sich von einer verbreiteten Form des Redens von Freiheit und ihres Gebrauchs. Verbreitet ist es, daß man von anderen die Gewährleistung von Freiheiten fordert, um selbst von den Folgen der Freiheit entlastet zu sein. Verbreitet ist etwa das Verständnis des freiheitlichen Rechtsstaats als eines Gemeinwesens, das individuelle Freiheiten schützt – unabhängig davon, ob die Bürger mit ihnen verantwortlich umgehen oder nicht. Freiheit bedeutet in einer solchen Denkweise den Schutz vor der Macht des andern, mehr nicht.

So über die Freiheit zu denken, ist keine moderne Erfindung. Schon lange vor der Reformation waren derartige Denkweisen geläufig. Insbesondere die Freiheit der Kirche selbst war ein vertrautes Thema. Gefordert wurde die Freiheit der Kirche von fremder Macht, nämlich der Macht des Staates. Die Macht- und Prachtentfaltung der Kirche selbst galt dagegen geradezu als Ausdruck ihrer Freiheit.

Doch die Reformation fordert nicht nur die Freiheit der Kirche, sondern versteht die Kirche als Ort der Freiheit. Der Grund ist einfach: Freiheit ist nicht das Resultat menschlichen Handelns. Die Machtentfaltung der Kirche kann so wenig Freiheit verbürgen, wie dies staatlicher Macht möglich ist. Es gibt keine andere Freiheit als die, die aus der freisprechenden Gnade Gottes kommt. Alles andere ist Selbstbetrug oder Heuchelei: die aberwitzige Vorstellung nämlich, der Mensch könne aus eigener Kraft den breiten Graben überspringen, der ihn von Gott trennt. Nur der «fröhliche Wechsel», in dem Gott von sich aus ein Bündnis mit dem sündigen Menschen eingeht, die «fröhliche Wirtschaft», in der Christus als sündloser Bräutigam das «arme, verachtete, böse Hürlein» der menschlichen Seele zur Ehe nimmt – nur dieser dramatische Übergang von der Perspektive des Menschen zur Perspektive Gottes erschließt eine Freiheit, die mehr ist als Selbstbetrug oder Heuchelei.

Für die Reformation ist es kennzeichnend, daß sich in ihr die äußerste Konzentration des Glaubens mit einer so vorher nicht bekannten Weite verband. Die Konzentration vollzog sich darin, daß der christliche Glaube insgesamt ganz streng am gekreuzigten und auferweckten Christus allein und damit an der Rechtfertigung des Menschen vor Gott orientiert wurde. Die Weite zeigt sich darin, daß sowohl der Glaube des einzelnen als auch das Leben der christlichen Gemeinde, nicht zuletzt aber auch der Bereich des Politischen dem Vorrang der Freiheit unterstellt wurden.

Der fröhliche Wechsel bleibt also nicht – wie die Tradition des Obrigkeitsgehorsams nahelegt – auf die Seele des Menschen beschränkt. Der Übergang von der Perspektive des Menschen auf die Perspektive Gottes hat vielmehr weitreichende Folgen. Diese Konsequenzen lassen sich schon bei Luther selbst erkennen.

Im Jahr 1523 veröffentlicht er eine Schrift unter dem Titel: «Von weltlicher Obrigkeit, wie weit man ihr Gehorsam schuldig sei». Liest man diese Schrift mit unseren heutigen Augen, und versucht man, ihren Inhalt mit unseren Worten zu wiederholen, so sagt sie: Was den Menschen zum Menschen macht, ist unabhängig davon, was er zu leisten vermag; die Würde der menschlichen Person ist jeder Manipulation durch eigenes Handeln wie jedem Zugriff durch staatliche Instanzen entzogen. An der Personwürde hat alle Machtausübung ihre Grenze – oder in Luthers Sprache: «Über die Seele kann und will Gott niemand lassen regieren, denn sich selbst alleine.» Deshalb ist es dem Staat verboten, für den Bereich des Glaubens Gesetze aufzustellen. Die staatlichen Autoritäten verstoßen gegen ihr Amt, wenn sie die Staatsangehörigen mit Gewalt auf einen bestimmten Glauben verpflichten wollen. Die Freiheit des Menschen ist eine ihm von Gott gegebene und geschenkte Freiheit. Daraus ergibt sich die Forderung, daß der Staat, aber auch alle anderen gesellschaftlichen Kräfte die Freiheit des Glaubens und des Gewissens zu achten und zu schützen haben. Überschreitet der Staat diese Grenze, so ist für Luther das Recht zu gewaltfreiem Widerstand, ja die Pflicht zu passivem Ungehorsam gegeben.

Nicht die Freiheit, die man durch eigene Leistung erringt, sondern die geschenkte Freiheit, die aller Menschenwürde zu Grunde liegt, bildet den Inhalt der Glaubens- und Gewissensfreiheit. Historisch betrachtet wie auch in der Sache haben die *Menschenrechte* in der *Glaubens- und Gewissensfreiheit* ihren Grund.

Der entscheidende Beitrag Europas zur politischen Kultur der Neuzeit ist also unlöslich mit dem reformatorischen Freiheitsverständnis verknüpft. Diese Erinnerung hebt die andere Einsicht nicht auf, daß weit weniger Grund zum Stolz auf die politische Kultur der europäischen Neuzeit besteht, als oft behauptet wird. Beispiellos ist die Grausamkeit und der Erfindungsreichtum bei Gewalt und Gewaltmitteln, die von Europa ausgingen; die europäischen Überlegenheitsgefühle sind weithin haltlos und von überheblicher Arroganz. Doch der neuzeitliche Gedanke der Menschenrechte, von christlichen Gruppen auf dem Weg von Europa nach Amerika formuliert, ist ein wichtiger Beitrag Europas zur politischen Kultur einer gefährdeten Weltgemeinschaft. Ein entscheidender Anstoß dafür liegt in der reformatorischen Entdeckung der christlichen Freiheit.

Die Reformatoren haben diese Entdeckung nicht nur nach außen geltend gemacht, sondern zugleich kritisch gegen die Kirche selbst gewandt. «Es ist unter den Christen kein Oberster, denn nur Christus selber und allein», sagt Luther 1523. «Und was kann da für Obrigkeit sein, da sie alle gleich sind und einerlei Recht, Macht, Gut und Ehre haben, dazu keiner begehrt, des anderen Oberster zu sein, sondern jeder will des anderen Unterster sein.» Das ist ein umstürzlerischer Gedanke: die christliche Gemeinde als eine Gemeinschaft von Menschen, in der jeder des andern Unterster sein will, die christliche Gemeinde als ein Ort herrschaftsfreien, geschwisterlichen Umgangs miteinander. Wer diese Vorstellung ernst nimmt, sieht sich zu radikaler Kirchenkritik genötigt: zur Kritik an einer Kirche, die immer wieder Freiheit durch Herrschaftsmechanismen sichern, die Freiheit verwalten will. Und diese Kritik ist um so nötiger, als die Kirche durch die Mißachtung der Freiheit im Innern zugleich ihren entscheidenden politischen Beitrag schuldig bleibt. Denn nach der Vorstellung der Reformation entfaltet die christliche Gemeinde durch ihr eigenes herrschaftsfreies Leben zugleich eine ansteckende und ausstrahlende Wirkung für die Bereiche von Staat und Gesellschaft, von denen sie zugleich sorgfältig unterschieden bleibt.

Diese Behauptung klingt zunächst verwirrend. Denn Luther ist in den letzten Jahrzehnten ja vor allem deshalb immer wieder bemüht worden und wird von Politikern mit Vorliebe deshalb zitiert, weil er angeblich die Unterscheidung der zwei Reiche, des geistlichen und des weltlichen Regiments, erfunden haben soll. Tatsächlich ist ihm diese Unterscheidung, wie schon gezeigt, wichtig. Er begreift eben staatliches Handeln vor allem als strafendes Gewalthandeln gegenüber denen, die die Rechtsgemeinschaft gefährden. Weltliche Obrigkeit – so denkt er – ist vor allem deshalb nötig, weil es in jedem Gemeinwesen «Unchristen» – und sei es auch getaufte – gibt, die nur durch Gewalt von bösen Taten abgehalten werden können. Gewalt aber ist ein Mittel des weltlichen und nicht des geistlichen Regiments. Dort herrscht das Wort, nicht die Gewalt.

Der Gewaltcharakter ist es also, in dem das weltliche Regiment und der Bereich staatlicher Herrschaft deutlich und schroff vom geistlichen Regiment unterschieden sind. Doch neben diese Unterscheidung tritt die Verbindung. Sie zeigt sich zunächst in dem Hinweis auf die Grenzen des Staats: jedes Eingreifen in die Freiheit des Gewissens und des Glaubens ist ihm untersagt. Sie zeigt sich aber auch in der konstruktiven Beziehung zwischen beiden. Christen werden durch das Wort Gottes dazu beauftragt und herausgefordert, ihre Aufgaben in Staat und Gesellschaft im Dienst des Nächsten wahrzunehmen. Christliche Freiheit zeigt sich in der konstruktiven Phantasie, mit der ein Christ ein «Knecht aller Dinge und jedermann untertan» wird.

Das ist die Grundlage lutherischer Ethik im ganzen: im praktischen Handeln fallen die Orientierung am Willen Gottes und die vorbehaltlose Zuwendung zum Mitmenschen zusammen. Auch für die politische Ethik steht keine andere Basis zur Verfügung; der Gedanke, die Politik folge eigenen Gesetzen, deren normativer Anspruch sich gegen jene Basis durchsetzen könnte, ist ausgeschlossen. Vertrauen zum Willen Gottes und Liebe zum Mitmenschen zeigen sich indes gerade in der Freiheit der Vernunft. Deshalb sieht Luther eine entscheidende Voraussetzung für verantwortliche politische Entscheidungen in der Bereitschaft, auf den Rat anderer «mit freier Vernunft und ungefangenem Verstand» zu hören. An solchen Beratungsvorgängen beteiligt er sich selbst mit unermüdlicher Ausdauer. Er hält es für seine Aufgabe als «Doktor der Heiligen Schrift», zu politischen Problemen Stellung zu nehmen und entsprechende Anfragen seiner Landesherren und anderer Fürsten pünktlich zu beantworten. Daraus spricht mehr als bloßes Pflichtbewußtsein. Luther will die Folgen der christlichen Freiheit für die politischen Konflikte seiner Zeit deutlich machen.

Wäre man diesem Ansatz treu geblieben, hätten sich manche politischen Irrwege des deutschen Protestantismus vermeiden lassen. Ausgeschlossen wäre es zumindest gewesen, daß man Glauben und praktisches Handeln einfach auseinanderreißt oder beziehungslos nebeneinanderstellt.

In diesem Sinn hat man freilich den reformatorischen Ansatz häufig mißverstanden. Als der Protestantismus sich zu Beginn unseres Jahrhunderts der rasanten Dynamik der modernen Wissenschaft und Technik sowie der Entfaltung des imperialen Machtstaats ausgesetzt sah, reagierte er darauf mit dem Rückzug in die Innerlichkeit der Gesinnung. Angesichts der Eigengesetzlichkeit einer Politik, die den Imperativen der Macht gehorcht, und angesichts der Eigendynamik einer Wirtschaft, die den Imperativen von Konkurrenz und technischer Entwicklung folgt, fand der Glaube nur noch im Herzen und Gewissen der Einzelperson einen Ort. Die christliche Freiheit wurde als Innerlichkeit, als Herzensbildung, als Verhältnis des einzelnen zu seinem Gott verstanden. Die Botschaft von der Rechtfergigung des Sünders wurde nun individualistisch ausgelegt. Die Unterscheidung der beiden Reiche gewann dadurch einen ganz neuen, von Luther selbst weit entfernten Sinn. Die politische Bedeutung der christlichen Freiheit wurde vergessen; damit aber wurde ihr Sinn halbiert.

Für den Protestantismus mußten schon die Erfahrungen mit dem nationalsozialistischen Regime und der eigenen Anfälligkeit für die völkische Ideologie ein Grund sein, diese Verkürzung der christlichen Freiheit auf reine Innerlichkeit zu überprüfen. Dem entspricht eine verbreitete Kritik aus Kirchen der Dritten Welt. Dort wird gesagt: Die christliche Freiheit muß politische Konsequenzen haben; sonst wird sie zum egoistischen Trost des einzelnen. Diese Anfrage nehme ich auf, wenn ich die reformatorische Theologie in bewußter Konzentration als Theologie der Befreiung verstehe. Der Anklang an die lateinamerikanische Theologie der Befreiung, wie sie uns in letzter Zeit insbesondere durch den katholischen Theologen und Franziskanermönch Leonardo Boff begegnet ist, ist durchaus beabsichtigt.

Erläutern will ich meine Behauptung genau an dem Thema, das man für den Individualismus des evangelischen Freiheitsverständnisses immer in Anspruch genommen hat, nämlich am Gedanken der Gewissensfreiheit.

In jedem einschlägigen Schulbuch begegnet das Ereignis, mit dem Luthers Vorstellung von der Freiheit des Gewissens identifiziert wird. Als der Wittenberger Mönch im Jahr 1521 vor Kaiser und Reichsständen in Worms alle seine bisherigen Schriften widerrufen sollte, antwortete er in der Öffentlichkeit des Reichs mit jenen berühmten Sätzen, die bis heute als Grundaussage der protestantischen Gewissensfreiheit gelten: «Wenn ich nicht durch das Zeugnis der Heiligen Schrift oder Gründe der Vernunft überwunden werde, denn weder dem Papst noch den Konzilien allein vermag ich zu glauben, da es feststeht, daß sie wiederholt geirrt und sich selbst widersprochen haben, so halte ich mich überwunden durch die Schrift, auf die ich mich gestützt habe, so ist mein Gewissen in Gottes Wort gefangen, und darum kann und will ich nichts widerrufen, weil gegen das Gewissen zu handeln weder sicher noch lauter ist. Gott helfe mir!»

Hier hat die Freiheit des Gewissens eine unmittelbar öffentliche Wirkung. Weil er sich im Gewissen unmittelbar angesprochen weiß, folgt Luther dem Grundsatz, in einem solchen Konflikt Gott mehr zu gehorchen als den Menschen. Das Gewissen begegnet uns hier als die Instanz, die zur Auflehnung gegen herrschende Autoritäten berechtigt. Wenn man den Protestantismus als die Religion der Gewissensfreiheit versteht, dann beruft man sich auf sein kritisches Potential, auf die in ihm aufbewahrte Bereitschaft zu Auflehnung und Protest. Zum Protestantismus gehört der Widerspruch gegen alle Anmaßungen in Kirche und Staat, stellvertretend für den einzelnen zu entscheiden und ihn von seiner unvertretbaren Verantwortung zu entbinden. Deshalb ist die Erinnerung an das reformatorische Verständnis christlicher Freiheit gefährlich. Verpflichtet sie doch jeden, sich seiner freien Vernunft und seines ungefangenen Verstandes zu bedienen. Manche hat das während der letzten Jahre in Konflikte gebracht. Nicht so spektakulär wie Luthers Konflikt in Worms, aber riskant für die Betroffenen waren diese Konflikte auch.

Was geht uns der Kurfürst in Fragen des Glaubens an, kann Luther ganz respektlos fragen. Das Gewissen ist für ihn nicht ein Instrument der Anpassung, sondern der Kritik. Es ist nicht nur – wie heute viele Psychologen oder Soziologen erklären – eine Instanz, mit deren Hilfe der heranwachsende Mensch an die herrschenden Normen einer Gesellschaft angepaßt und zum funktionierenden Glied dieser Gesellschaft sozialisiert wird. Vielmehr beruft Luther sich auf das Gewissen, wo er alle Anpassung verweigern muß. Um des Gewissens willen kann er sich weder dem Papst noch dem Kaiser unterwerfen, sondern muß seine scharfe Kritik an der kirchlichen Lehre und den kirchlichen Zuständen seiner Zeit aufrechterhalten.

Luther hat sich also in seiner Zeit durch die Übermacht der Institution nicht davon abbringen lassen, seinem Gewissen zu folgen. Denn er sah darin nicht nur eine persönliche Regung, sondern eine Verpflichtung gegenüber der Anrede durch das Wort Gottes. In dieser Tatsache als solcher begegnet uns die Revolution, die die reformatorische Wende noch heute für das Verständnis der Freiheit darstellt. Freiheit des Gewissens kann ihr zufolge nämlich nicht verstanden werden als eine Rückzugsposition, in die man vor öffentlicher Inanspruchnahme fliehen kann, als eine Fluchtburg des Individuums, in der es vor staatlichen Eingriffen sicher ist, als ein Bereich persönlicher Entscheidung, über deren Gründe keine Rechenschaft abzugeben ist. Bei Luther hat die Gewissensfreiheit öffentliche Relevanz; über die Gründe der im Gewissen getroffenen Entscheidungen kann und muß Rechenschaft gegeben werden. Gewissensentscheidungen bilden sich nicht einfach in der Einsamkeit des Individuums, sondern in der Kommunikation mit anderen. Sehr viel realistischer erscheint mir Luthers Gewissensbegriff als seine modern-individualistische Variante – und theologisch sehr viel ernsthafter dazu. Für Luther bedeutet Gewissensfreiheit nämlich vor allem: man kann den Konsequenzen nicht ausweichen, die sich aus dem Gehorsam gegenüber dem Wort Gottes ergeben. Die Einheit von Freiheit und Bindung begegnet auch hier wieder als charakteristischer Grundzug reformatorischen Christentums.

Woher aber speist sich bei Luther die Entschiedenheit, in der er vom Gewissen spricht und seinem Gewissen folgt? Ich will dazu noch einmal einen Satz des Reformators zitieren. «Die Gewissen aufzurichten und zu ermuntern, ist nichts anderes als Tote auferwecken.» Der alte Mensch stirbt, der neue ersteht zum Leben. Dieser Umschwung ist das Thema des reformatorischen Bekenntnisses. Der Mensch ist nach Luthers Vorstellung hin- und hergeschleudert in den Strudeln des Kampfs zwischen Gott und dem Bösen. Er ist wie ein Reittier, das immer den Befehlen dessen folgt, der auf ihm sitzt. So hat auch das Gewissen eine ganz gegensätzliche Funktion – je nachdem, welcher Reiter es mit Beschlag belegt. Ist es vom Bösen, vom Satan, bestimmt, so wird es zu einer bösen Bestie, die den Menschen zwingt, gegen sich selbst zu stehen. Nur wenn Christus in ihm regiert, kann von einem guten Gewissen die Rede sein.

Das ist eine überraschende Auswirkung von Luthers Ansatz: Das gute Gewissen ist nicht der Zustand, in den ich gerate, wenn ich selbst etwas Gutes getan habe, dessentwegen ich beruhigt schlafen kann. Das gute Gewissen ist das von Gott freigesprochene Gewissen, das durch die Anrede Gottes in die Freiheit versetzte Gewissen. Freiheit erlangt der Mensch nicht durch eigenes Handeln; sie ist nicht das Ergebnis seiner Leistungen. Von Freiheit zu reden heißt vielmehr: von erfahrener Befreiung zu sprechen. Diese Befreiung ist «nichts anderes als Tote auferwecken». In diesem genauen Sinn ist reformatorische Theologie immer *Theologie der Befreiung*. Die Freiheit von Gesetz, Sünde und Tod, von der Macht des Teufels, vom Zorn Gottes, vom Jüngsten Gericht erfährt der Christ im Gewissen, weil Christus ihm als Befreier begegnet.

Jede Generation macht ihre eigenen Erfahrungen mit der Aktualität der Einsicht, daß Befreiung den Grund aller Freiheit bildet. Für viele ist das Reaktorunglück in Tschernobyl zum Symbol dafür geworden, wie schrecklich der Versuch scheitern kann, das menschliche Leben auf die eigenen Taten, auf die eigenen Leistungen aufzubauen und umfassend durch eigenes Tun abzusichern. Die Bedeutung des Symbols reicht über das aktuelle Ereignis weit hinaus, so einschneidend es war. Es verweist auf den neuzeitlichen Streit um den Sinn menschlicher Freiheit.

In der Neuzeit streitet die reformatorische Theologie der Befreiung mit einem anderen Freiheitsprojekt, das die menschliche Freiheit als selbstgemachte, selbst hergestellte Freiheit begreift. Die Technik wird zum entscheidenden Mittel dieser Freiheit; deshalb erfährt jeder technische Fortschritt eine positive Wertung. Das gigantische Experiment, die Natur mit technischen Mitteln der Herrschaft des Menschen zu unterjochen, ist von der Sehnsucht angetrieben, in dieser Herrschaft über die Erde den Sinn des menschlichen Lebens insgesamt zu verwirklichen.

Das Projekt menschlicher Herrschaft über die Natur trägt alle Züge einer kollektiven Selbstrechtfertigung. Der Versuch, die Sicherheit von Staaten und Bündnissystemen durch den Aufbau unvorstellbarer Vernichtungspotentiale zu sichern, gehört zu diesem Experiment. Der Versuch kollektiver Selbstrechtfertigung zieht die tödliche Utopie absoluter Sicherheit (E. Eppler) nach sich. Diese Utopie bestimmt heute Rüstungsplanungen und Reaktorplanungen in gleicher Weise. Daß diese Utopie tödlich ist, wissen auch die, die noch immer auf dem eingeschlagenen Weg weitergehen. Sie tun das offenbar nicht einfach aus eigenem Willen. Aber gegen den Versuch einer Umkehr setzt sich immer wieder ein Zwang durch, dem die Akteure sich ausliefern. Auch dieser Vorgang hat inzwischen einen neuen Namen bekommen: Reikjavik.

Einem Freiheitsverständnis, das an Selbstverwirklichung und Selbstdurchsetzung gebunden ist, tritt im christlichen

Glauben die Erinnerung an eine Befreiung entgegen, kraft deren Menschen sich als begrenzt wahrnehmen und auf Allmachtsphantasien verzichten können. Diese Erinnerung ist den verschiedenen konfessionellen Traditionen gemeinsam. In Assisi ist sie ebenso präsent wie in Wittenberg; der heilige Franz ist ebenso ihr Zeuge wie Martin Luther.

Luther hat die christliche Freiheit nicht individualisiert. Zu seinen Grundüberzeugungen gehörte vielmehr die Einsicht, daß keiner seine Freiheit für sich behalten kann. Sie ist kein persönlicher Besitz, sondern drängt auf Auswirkungen im Verhältnis zu anderen. In der Zuwendung zum Fremden, im Mitleiden, in praktischer Solidarität gewinnt die Freiheit konkrete Gestalt. Der erfahrenen Befreiung folgen Taten der Befreiung. An diese reformatorische Einsicht müssen sich Christen und Theologen im alt gewordenen Europa heute von Christen und Theologen, katholischen zumal, aus der Dritten Welt erinnern lassen. Sie müssen sich daran erinnern lassen, daß auch für Luther die guten Werke zwar keine Bedingung des Heils, wohl aber eine notwendige Folge des Glaubens waren. Unter ihnen aber steht vornean, für die Freiheit des andern einzutreten. Die Befreiung der Gewissen kann man also nicht dafür in Anspruch nehmen, daß man sich vom andern absondert, ihn seinem Schicksal überläßt oder ihn gar im eigenen Interesse übervorteilt. Es gibt eine breite Tradition des protestantischen Individualismus, die durch Luthers Freiheitsvorstellung gerade nicht gedeckt ist. Denn für ihn hängen christliche Freiheit und Solidarität unlöslich zusammen.

Schritte der Befreiung

Deshalb gehört zu einer Theologie der Befreiung die Suche nach Schritten der Befreiung. Wer von der christlichen Freiheit herkommt, kommt um Schritte der Befreiung nicht herum. Worin können sie bestehen? In aller Zuspitzung gebe ich drei Hinweise.

Christliche Freiheit, so sage ich zunächst, ist Befreiung vom Zwang zur Selbstrechtfertigung. Was ist deren praktischer Sinn? Welche Folgen hat es, wenn wir uns von der zwanghaften Vorstellung lösen, daß wir den Sinn unseres Lebens durch unser Handeln und durch unser Haben selbst herstellen? Was verändert sich, wenn wir uns von der zwanghaften Vorstellung lossagen, daß wir durch unsere Vorkehrungen absolute Sicherheit erreichen können?

Schritte der Befreiung gehen von dem Vorrang eines geschenkten Seins vor einem hervorgebrachten Haben aus. Eine Theologie der Befreiung schließt deshalb heute eine Ethik der Selbstbegrenzung ein. Deren dringlichste Themen liegen auf der Hand: die Bewahrung der Umwelt, die Beendigung jenes Umgangs mit den Ressourcen der Erde, in dem die Industrieländer sie auf Kosten der Zweidrittelwelt und der künftigen Generationen verschleudern. Zur Theologie der Befreiung gehört der Abschied vom Imperativ des technischen Zeitalters, nach dem der Mensch alles tun soll, was er tun kann. Zu ihr gehört auch der Abschied von der Vorstellung, man könne absolute Sicherheit errüsten – und wenn nicht auf der Erde, so doch wenigstens im Weltraum. Die evangelischen Kirchen in der DDR haben diesen Abschied als die Absage an Geist, Logik und Praxis der Abschreckung bezeichnet.

Eine zweite Perspektive schließt sich an. Für reformatorisches Verständnis sind Freiheit und Unterdrückung unvereinbar. Luther hat das für das Zusammenleben in den christlichen Gemeinden selbst durch die einprägsame Forderung verdeutlicht, in ihnen solle jeder Christ dem anderen der Unterste sein. Heute hat der kirchliche wie politische Sinn dieser Forderung globale Ausmaße angenommen. Die Frage, ob die christliche Kirche eine Gemeinschaft radikaler Gleichheit zwischen Schwestern und Brüdern bildet, stellt sich heute im weltweiten Maßstab: im Verhältnis nämlich zwischen reichen und armen Kirchen in der einen ökumenischen Christenheit.

Im Feld der Politik betont zwar die herrschende Rhetorik die Unvereinbarkeit von Freiheit und Unterdrückung mit allem Nachdruck, macht mit ihr aber nur für einen Teil der Erde ernst. Daß Freiheit und Unterdrückung einander widersprechen, streicht sie kräftig und mit guten Gründen heraus im Blick auf die Staaten Osteuropas, die in den sowjetischen Machtbereich eingegliedert sind, oder im Blick auf Afghanistan, das nun seit sieben Jahren zum Opfer militärischer Besetzung durch die Sowjetunion geworden ist. Die berechtigte Kritik an der Einschränkung von Menschenrechten durch die autoritären Herrschaftsordnungen sowjetischer Prägung verbindet sich jedoch oft mit Blindheit dafür, wie im Einflußbereich westlicher Staaten der Appell an die Freiheit zur Rechtfertigung von Unterdrückung dienen muß. Die Zahl der Staaten ist in den letzten Jahren nicht zurückgegangen, sondern gewachsen, die sich zum «Lager» der Freiheit rechnen und zugleich die Freiheit des Gewissens, der Meinung und der politischen Betätigung mit brutalen Mitteln unterdrücken.

Chile oder Südkorea bieten dafür Beispiele genug. Die Republik Südafrika versteht sich als Vorposten der freiheitlichen Demokratie auf dem afrikanischen Kontinent und enthält doch der überwältigenden Mehrheit ihrer Bürger alle Rechte politischer Mitwirkung und wirtschaftlicher Mitbestimmung vor. Wer erschrocken auf solche Unterdrückung im Namen der Freiheit hinweist, verharmlost damit die Freiheitsbeschränkungen an anderen Orten nicht. Er macht nur ernst damit, daß der Anspruch der Freiheit zunächst selbstkritisch verstanden werden muß, bevor man ihn kritisch gegen andere wenden kann. Deshalb muß sich auch mit den Lebensbedingungen von Arbeitslosen und Asylsuchenden in unserem eigenen Land beschäftigen, wer die Forderungen der Freiheit ernst nehmen will.

Doch vielleicht verstellen uns eigene, sicher wohlerwogene politische und wirtschaftliche Interessen den Blick für die Unterdrückung im Namen der Freiheit. Dadurch aber gewinnt eine Theologie der Befreiung für Christen in einer reichen Industrienation ein neues, ein besonders heikles und dramatisches Thema: die Aufklärung über diejenigen Interessen bei uns selbst, die der Erkenntnis im Weg stehen, wie unsere besondere Form der Freiheit durch die Armut und Unterdrükkung anderer erkauft wird.

Das führt mich zu einer letzten Perspektive. Für den christlichen Glauben gehören Freiheit und Liebe zusammen. Freiheit verwirklicht sich am reinsten in selbstloser Solidarität. Schärfer als durch diesen Hinweis läßt sich freilich der Widerspruch zwischen christlichem Freiheitsverständnis und der Freiheitsauffassung des neuzeitlichen Besitzindividualismus gar nicht fassen. Nach der besitzindividualistischen Konzeption nämlich realisiert sich Freiheit in der Konkurrenz, in der Selbstdurchsetzung, im eigenen Fortkommen. Der Satz «Leistung soll sich wieder lohnen» ist ein unverstandener und unverständiger Nachklang dieser besitzindividualistischen Konzeption. Dem tritt eine andere Vision entgegen, nach der Freiheit und Liebe zusammengehören. Freiheit verwirklicht sich im Miteinander mit dem anderen Menschen, nicht im Gegeneinander. *Freiheit verwirklicht sich in der Solidarität, nicht in der Konkurrenz.*

Die Spannung zwischen diesen beiden Visionen der Freiheit wurde lange verdrängt – besonders gründlich in der Bundesrepublik, die auf die Frage nach dem Sinn der Freiheit mit wirtschaftlichen Wachstumsraten antwortete. Diese Spannung wieder ernst zu nehmen, ist an der Zeit. Dann freilich muß man auch die Bewegungen in unserem Land ernster nehmen, die in einer Welt der Konkurrenz die Freiheit der Solidarität in kleinen Schritten auszubreiten suchen. Das nachsichtige Lächeln, mit dem man solche Versuche oft in eine «alternative» Ecke verweist, könnte sich schon bald als leichtfertig erweisen. Ökologiebewegung und Friedensbewegung, Frauenbewegung und viele andere Initiativen haben angefangen, in neuer Weise Freiheit und Solidarität zusammenzusehen. Sie fragen nach der Verbindlichkeit von Grundsätzen der persönlichen Lebensführung für den öffentlichen Bereich. Sie suchen nach einer neuen Form des wirtschaftenden Umgangs mit der Natur, der diese nicht ausbeutet, sondern bewahrt und gerade so das den Menschen Lebensnotwendige zur Verfügung stellt. Sie orientieren sich an der Aufgabe des Friedens und verstehen darunter nicht nur die Abwesenheit von Krieg im eigenen Land, sondern das Gelingen gemeinsamen Lebens über Grenzen hinweg. Sie widersprechen dem Ethos der wissenschaftlich-technischen Welt, das alle wissenschaftlich erforschten Möglichkeiten technisch verwirklicht und industriell nutzt; sie fordern, diejenigen wissenschaftlich-technischen Entwicklungen auszuwählen, die auf Dauer lebenserhaltend und lebensfördernd sein können. Sie versuchen, unseren Reichtum mit den Augen der Ärmsten zu sehen, und zu einer Umverteilung der Ressourcen auf der einen Erde beizutragen.

Solche Entwicklungen und Bewegungen fordern eine Vorordnung der Solidarität vor die Konkurrenz, der Würde des anderen vor die eigenen Rechte, des gemeinsamen Friedens vor die rücksichtlose Selbstdurchsetzung. Es könnte an der Zeit sein, in solchen Versuchen Folgen christlicher Freiheit zu sehen, Schritte der Befreiung, auch: Anstöße der Reformation.

PROTESTANTISMUS UND DEMOKRATIE

Das Erbe Bonhoeffers und die politische Ethik der Reformation liegen doch näher beieinander, als geläufige Vorurteile glauben machen wollen. Mit dem Hinweis auf Luthers «Lehre von den zwei Reichen» kann man den ethisch begründeten Protest gegen lebensfeindliche Folgen einer Politik, die sich nur noch als Motor der dritten industriellen Revolution versteht, so wenig neutralisieren wie durch den Rückgriff auf Max Webers mißverständliche und mißverstandene Unterscheidung zwischen Gesinnungs- und Verantwortungsethik.

Doch zwischen der politischen Ethik der Reformation und einer politischen Ethik für die Gegenwart steht die Entwicklung des demokratischen Rechts- und Sozialstaats. Ein schlichter Rückgriff auf das politische Denken Luthers und der Reformationszeit greift deshalb zu kurz. Eine politische Ethik für die Gegenwart hat sich unter anderem dadurch auszuweisen, daß sie zur Demokratie als Verfassungs- und Lebensform ein konstruktives Verhältnis entwickelt. Der Protestantismus hat sich damit lange schwer getan.

Späte Einsicht

Daß der Christ der Obrigkeit gehorsam ist und daß die Kirche dem Staat mit Loyalität begegnet, ist dem Protestantismus so lange vertraut, wie es ihn gibt. Die Aufforderung des Paulus: «Jedermann sei untertan der Obrigkeit, die Gewalt über ihn hat», hat sich so tief in die Geschichte des Protestantismus eingegraben wie die Feststellung im Augsburgischen Bekenntnis von 1530, daß «alle Obrigkeit in der Welt und geordnete Regiment und Gesetze gute Ordnung, von Gott geschaffen und gesetzt» sind. Nach der überlieferten Staatsethik des Protestantismus sollte der Gehorsam jeder politischen Gewalt gelten, unabhängig von Staatsform und Verfassung. Der Erlanger Theologe Adolf von Harleß fand in der Mitte des 19. Jahrhunderts dafür die schöne, noch heute des Nachdenkens werte Begründung: «Weil der Christ weiß, daß jede Regierungsform, die eine von diesem, die andere von jenem Übelstande begleitet sein wird, würde es ihm töricht erscheinen, eine Forderung der besten Form zum Bestimmungsgrund für den Gehorsam unter die bestehende Ordnung zu machen, in welcher er, trotz aller Mängel, eine Erscheinung des göttlichen Völkerregiments ehrt.»

Christlicher Gehorsam galt jeder Staatsform, im Deutschland des 19. Jahrhunderts jedoch ganz besonders der Monarchie. Daß der Protestantismus dagegen den Übergang vom Kaiserreich zur Weimarer Demokratie aufs Ganze gesehen mehr schlecht als recht bewältigt hat, kann man kaum leugnen. Die historisch gewachsene Bindung gerade der evangelischen Kirchen an die überlieferte Staatlichkeit erwies sich als übermächtig; der als Schmach empfundene Versailler Friedensvertrag tat das Seine dazu. Vor allem aber zeigte sich unter den Bedingungen der jungen, schon bald gefährdeten Weimarer Demokratie: der Protestantismus hatte keine Ethik der politischen Form entwickelt; er hatte die Frage nach der Form politischer Herrschaft nicht zum Thema gemacht. Die Unvollkommenheit jeder Verfassung wurde nur allzu leicht zur Entschuldigung für eine Denkfaulheit, die sich der Frage nach Staatsform und Verfassung gar nicht erst stellte. Die Widerstandslosigkeit, mit der weite Teile des Protestantismus die Zerstörung der Weimarer Demokratie hinnahmen oder förderten, war die Kehrseite dieser Gleichgültigkeit gegenüber der Frage der politischen Form. «Ja zum Staat, Nein zur Demokratie»: so hieß eine Parole, unter der viele Protestanten den Übergang zum nationalsozialistischen Führerstaat begrüßten.

Der Kirchenkampf nach 1933 bewirkte eine folgenreiche Wandlung in der evangelischen Ethik des Politischen. Das Schlüsseldokument der Bekennenden Kirche, die Barmer Theologische Erklärung von 1934, wandte sich entschlossen von jeder metaphysischen Verklärung des Staats ab und band dessen Handeln ausdrücklich und konsequent an die Aufgabe, in der Vorläufigkeit der «noch nicht erlösten Welt» für Recht und Frieden zu sorgen. Allein in dieser Aufgabe hat dann aber auch die Loyalität der Bürger zum Staat ihren Grund, nicht in dessen metaphysischer Hoheit und Autorität. Indem die Barmer Theologische Erklärung auf die «gemeinsame Verantwortung von Regierenden und Regierten» verwies, klang auch die Forderung nach einer Staatsform an, in der eine solche Verantwortung wahrgenommen werden kann: der Staatsform der Demokratie.

Nichts hätte nähergelegen, als daß die evangelische Kirche nach 1945 ihre Zustimmung zur neu errichteten demokratischen Verfassung in aller Form, in einer feierlichen Erklärung oder Denkschrift also, niedergelegt hätte. Nichts dergleichen geschah. Einer der Gründe mag sein, daß evangelische Christen in Deutschland-Ost und Deutschland-West unter zwei höchst gegensätzlichen politischen Systemen zu leben haben. Doch ein anderer Grund lag zweifellos darin, daß die Gleichgültigkeit gegenüber der politischen Form den Protestantismus weiter begleitete. Kirchliche Äußerungen zu politischen Fragen häuften sich; doch die politische Form, in der die jedesmal eingeklagte Verantwortung der Christen wahrgenommen werden soll, wurde nicht erörtert.

Es war also eine späte Einsicht, als sich die Evangelische Kirche in Deutschland im Herbst 1985 in einer Denkschrift zum Thema «Evangelische Kirche und freiheitliche Demokratie» vernehmen ließ. Eine Denkschrift, die fünfunddreißig Jahre früher ein Ereignis gewesen wäre, konnte nun wie eine überfällige, ja sogar etwas peinliche Pflichtübung wirken: auch die evangelische Kirche erklärt endlich ihre Zustimmung zur freiheitlichen Demokratie. Paradoxerweise hatte ein Hauptverfasser der Denkschrift, der Münchener Theologe Trutz Rendtorff, dem Protestantismus noch kurz vorher Demokratieunfähigkeit bescheinigt. Er hatte der von ihm mitzuverantwortenden Denkschrift also eine pädagogische Aufgabe zugeschoben, die so gar nicht bestand. Den staatsbürgerlichen Unterricht, den die Denkschrift noch einmal nachzuholen versuchte, hatten die meisten Protestanten schon längst genossen. Wichtig war die Denkschrift nicht wegen ihrer volkspädagogischen Absichten; wer solches nötig hatte, nahm den Text sowieso nicht zur Hand. Sondern wichtig wurde sie als ein Seismograph für die demokratische Kultur im westdeutschen Staat.

Das Echo auf die Äußerung der EKD war zwiespältig. Die einen sahen in ihr eine «bemerkenswerte Wende im evangelischen Staatsverständnis»: die evangelische Kirche macht sich endlich von der Last ihrer staatskirchlichen Vergangenheit frei und nimmt in unabhängiger Selbständigkeit «den Staat des Grundgesetzes als Angebot und Aufgabe» ernst. Diejenigen, die in ihr eine allzu späte Einsicht sehen, fragen, warum die Denkschrift nicht nachdrücklicher auf die brennenden Herausforderungen und bedrückenden Aporien unserer Gegenwart eingeht. Denen freilich, die von der evangelischen Kirche «unbedingten Gehorsam und unbedingte Loyalität» gegenüber dem demokratischen Rechtsstaat erwarten, geht die Denkschrift nicht weit genug. Weil sie von den Grenzen der Bürgerloyalität gegenüber dem Staat spricht, wirft man ihr vor, sie sei in der Einschärfung des Gehorsams gegenüber dem Staat nicht konsequent. Weil sie die Demokratie für eine verbesserungsbedürftige und verbesserungsfähige Ordnung hält, merkt man ironisch an, die Autoren wollten offenbar «noch mehr Demokratie» wagen; gerade deshalb aber handle es sich nicht um ein «klares Ja zur freiheitlichen Demokratie».

Nun bekenne ich gern, daß ich selbst als Mitglied der Kammer der EKD für öffentliche Verantwortung zu den Autoren der Denkschrift gehöre, die «mehr Demokratie» für nötig halten und sich im übrigen auch in dieser kirchlichen Äußerung manches deutlicher, profilierter und anstößiger gewünscht hätten. Doch denen, die von der Kirche wie von den Bürgern «unbedingten» Gehorsam gegenüber dem Staat verlangen, muß man eine historische Binsenweisheit in Erinnerung rufen. Wer nur den Gehorsam gegenüber dem Staat zum Thema macht, der meint nicht die freiheitliche Demokratie im besonderen, sondern die staatliche Ordnung schlechthin. Er wünscht sich aufs neue eine kirchliche Lehre vom Staat, wie ich sie von Adolf von Harleß zitiert habe: der Christ soll jeder staatlichen Ordnung den gleichen Gehorsam entgegenbringen. Vom Obrigkeitsstaat unterscheidet sich die Demokratie jedoch nicht dadurch, daß sie mehr Gehorsam fordert, sondern daß sie mehr freie Verantwortung ermöglicht.

Zustimmung zur Demokratie

Es muß also mehr gemeint sein, wenn von der Zustimmung der evangelischen Kirche zur Demokratie die Rede ist. Es muß besondere Gründe geben, wenn die Denkschrift eine besondere Nähe zwischen dem christlichen Glauben und den Spielregeln der Demokratie geltend macht. Sie tut das mit folgenden Worten: «Als evangelische Christen stimmen wir der Demokratie als einer Verfassungsform zu, die die unantastbare Würde der Person als Grundlage anerkennt und achtet. Den demokratischen Staat begreifen wir als Angebot und Aufgabe für die politische Verantwortung aller Bürger und so auch für evangelische Christen. In der Demokratie haben sie den von Gott dem Staat gegebenen Auftrag wahrzunehmen und zu gestalten.»

Eine besondere Zustimmung der Christen verdient die Demokratie also deshalb, weil sie ausdrücklich eine Würde des Menschen anerkennt, die aller staatlichen und gesellschaftlichen Macht vorgeordnet ist. Daß die Würde der menschlichen Person nicht vom Staat hervorgebracht oder entzogen werden kann, ist dem christlichen Glauben besonders wichtig – versteht er doch den Menschen als Gottes Ebenbild und zugleich als den Sünder, der von Gott angenommen, trotz aller Sünde also von ihm selbst mit Würde und Anerkennung bedacht wird. Von der Unverfügbarkeit der menschlichen Würde geht jede christliche Beschäftigung mit der Demokratie aus. Deshalb aber beginnt das Verständnis der Demokratie mit der Einsicht in die Grenzen, die dem Staat gesetzt sind.

Ich ziehe aus dieser Überlegung eine erste Folgerung: Zustimmung aus Gründen des christlichen Glaubens kann ein Staat um so mehr erwarten, je deutlicher er die Grenzen anerkennt, die seinen Verfügungsansprüchen gezogen sind. Zustimmung aus Gründen des christlichen Glaubens kann ein Staat um so weniger erwarten, je totaler seine Herrschaftsordnung ist, je umfassender er über die Menschen verfügen will. Die Bindung staatlichen Handelns an die Menschen- und Grundrechte ist der entscheidende kritische Maßstab für eine christliche Zustimmung zur Demokratie.

Die Würde des Menschen anzuerkennen, heißt: allen die gleiche Freiheit zuzusprechen. Deshalb verdient eine Staatsordnung die christliche Zustimmung, die für die aktive Mitwirkung aller am politischen Entscheidungsprozeß offen ist. In der parlamentarischen Demokratie wird diese Mitwirkung vorrangig auf den Wegen der Repräsentation kraft allgemeiner Wahlen und der Mehrheitsentscheidung wahrgenommen. Beide bilden das entscheidende Verfahrensmodell der Demokratie. So wichtig es ist, so darf doch dieses Verfahrensmodell nicht zur Substanz der Demokratie erklärt werden. Der

Gleichheitsgrundsatz und die aktive Teilhabe aller am politischen Entscheidungsprozeß bilden die Substanz der Demokratie. Mehrheitsregel und repräsentatives Verfahren gehören zu ihren Instrumenten. Doch mindestens so wichtig wie der Hinweis auf diese Instrumente ist heute die Erinnerung daran, daß die Teilhabe der Bürger an der öffentlichen Gewalt sich nicht auf die Beteiligung an Wahlen beschränken läßt. Die öffentliche Diskussion ist vielmehr ein Lebenselement der Demokratie; sie aber schließt auch die Mittel der Demonstration und des Protests ein. Wenn Protestbewegungen als «Druck der Straße» abgetan werden, ist das immer ein Verstoß gegen die Freiheit und Gleichheit aller Bürger, ein Verstoß gegen den Geist der Demokratie.

Für das christliche Bild vom Menschen ist es kennzeichnend, daß die von Gott verliehene Würde des Menschen nicht überschwenglich genug gepriesen, zugleich aber auch die Sündhaftigkeit und Fehlerhaftigkeit des Menschen nicht nüchtern genug eingeschätzt werden können. In beiden Richtungen plädiert aufgeklärtes christliches Denken für einen menschlichen, einen menschengemäßen Staat. Nachdem ich bisher gefragt habe, wie der demokratische Staat die Würde des Menschen achtet, ist die Frage an der Zeit, wie er auf die Fehlerhaftigkeit des Menschen Rücksicht nimmt.

Daß es die Aufgabe des Staates sei, die Folgen der menschlichen Bosheit einzudämmen, ist Gemeingut des christlichen Nachdenkens über den Staat seit dem Apostel Paulus, der erklärte: Die Obrigkeit «ist Gottes Dienerin, dir zugut. Tust du Böses, so fürchte dich; denn sie trägt das Schwert nicht umsonst: sie ist Gottes Dienerin und vollzieht das Strafgericht an dem, der Böses tut».

Die staatliche Aufgabe, dem Bösen entgegenzutreten, ist keine spezifische Entdeckung der Demokratie. Daß das staatliche Gewaltmonopol hierin seine Aufgabe hat, verbindet vielmehr den demokratischen Staat mit vordemokratischen Staatsformen. Kennzeichnend für die Demokratie aber ist es, auf eine andere Seite menschlicher Verführbarkeit aufmerksam zu machen: auf die Gefahr des Machtmißbrauchs. Die Kontrolle der Macht durch Teilung der Gewalten ist ein besonderes Kennzeichen der Demokratie. Sie ist darin menschlich, daß sie die Verführungen der Macht nicht leugnet, sondern ihnen vorzubeugen sucht. Sie ist darin menschlich, daß sie politischen Entscheidungen nicht Unfehlbarkeit unterstellt, sondern sie für Revisionen offenhält. Sie orientiert sich so lange an der Endlichkeit des Menschen, solange sie auch denen, die politische Verantwortung tragen, nicht fehlerloses Handeln abverlangt. Die Demokratie wendet der Sicherung gegenüber staatlichem Machtmißbrauch hohe Aufmerksamkeit zu. Ich wünsche mir deshalb noch immer, daß man als «Sicherheitsgesetze» vor allem solche Gesetze bezeichnet, die Bürgerinnen und Bürger vor der Übermacht des Staats und vor staatlichem Machtmißbrauch schützen.

Eine humane Staatsform anerkennt die Grenzen des Menschen, seine Verletzlichkeit und Fehlerhaftigkeit. Nach der Katastrophe von Tschernobyl besteht aller Anlaß hinzuzusetzen: Eine humane Technik anerkennt ebenfalls die Grenzen des Menschen, seine Verletzlichkeit und Fehlerhaftigkeit. Eine Technik, die menschliche Fehler mit schweren Gefährdungen des menschlichen und außermenschlichen Lebens bestraft, ist nicht human; sie überschreitet menschliches Maß. Denn es gehört zu diesem Maß, daß staatliche Einrichtungen wie technische Mittel «fehlerfreundlich» sind, wie Christine und Ernst Ulrich von Weizsäcker das genannt haben: daß menschliche Fehler durch Teilung der Gewalt und Kontrolle der Macht aufgedeckt und vermieden, daß aber auch ihre Folgen in Grenzen gehalten werden. Die eigentliche Provokation des Reaktorunglücks von Tschernobyl liegt in der Frage: Welche Form von Energieversorgung, ja welche Technik im ganzen ist am ehesten mit dieser demokratischen und humanen Idee der Fehlerfreundlichkeit vereinbar? Der christliche Glaube hat zu dieser Idee eine unmittelbare Nähe. Deshalb sollten auch Menschen, die weder in Wackersdorf noch in Mutlangen oder Hasselbach zu demonstrieren pflegen, verstehen, warum gerade bewußte Christen die Entwicklung technischer Großprojekte und großtechnischer Rüstungssysteme mit wacher und kritischer Aufmerksamkeit verfolgen. Sie warnen vor einer Entwicklung, die die Leistungsfähigkeit des Menschen überfordert, ja ihm Unfehlbarkeit abverlangt und darin gegen die elementare christliche Einsicht in die Begrenztheit des Menschen verstößt.

Meine Folgerung aus dieser Überlegung heißt: Zustimmung aus Gründen des christlichen Glaubens kann ein Staat um so eher erwarten, je mehr er auf die Grenzen der Verläßlichkeit von Regierenden und Regierten Rücksicht nimmt. Zustimmung aus Gründen des christlichen Glaubens kann ein Staat um so weniger erwarten, je weniger er die Kontrolle und Verteilung von Macht sichert und dadurch die Folgen menschlicher Fehler in Grenzen hält.

Die Demokratie ist nach ihrem Selbstverständnis eine vorläufige und relative Staatsform. Weder für die Werte, die sie vertritt, noch für die Form, in der sie verfaßt ist, beansprucht sie letzte Gültigkeit. Vielmehr achtet sie die Glaubensfreiheit der Bürger auch darin, daß sie ihnen keinen Glauben an den Staat abverlangt. Die Überzeugung, daß die Politik keine Heilsgewißheit vermitteln kann, folgt unmittelbar aus der reformatorischen Einsicht, daß nur Gott den Menschen zu rechtfertigen vermag. Im demokratischen Rechtsstaat findet diese Überzeugung einen angemessenen Ausdruck, solange er seine Grenzen nicht vergißt. Gerade dann, aber nur dann nimmt man die Demokratie ernst, wenn man sie als zugleich verbesserungsfähige und verbesserungsbedürftige Staatsform begreift. Deshalb ist die Zustimmung zur Demokratie etwas anderes als der überlieferte Obrigkeitsgehorsam. Die Denkschrift der EKD von 1985 beschreibt diesen Unterschied so:

«Charakteristisch für die Geschichte des deutschen Protestantismus ist die Bejahung der jeweils bestehenden Staatsform. Über diese Tradition führt eine positive Bewertung der freiheitlichen Demokratie dadurch hinaus, daß sie auch die gegebene Form der Demokratie daraufhin befragt, an welchen Stellen sie so verändert werden kann, daß Freiheit und Menschenwürde besser gewahrt, daß Gerechtigkeit und Frieden wirksamer gefördert werden können. Um dieser Aufgaben willen trägt auch die christliche Annahme der freiheitlichen Demokratie notwendigerweise den Charakter kritischer Solidarität mit einer verbesserungsfähigen, aber auch verbesserungsbedürftigen Ordnung.»

Angesichts der großen Herausforderungen unserer Gegenwart ist es alles andere als eine akademische Frage, wie die Instrumente der Demokratie möglichst schnell und wirksam verbessert werden können. Angesichts der Auseinandersetzungen um Rüstungsmaßnahmen und technische Großprojekte, angesichts der Debatte um die Verantwortbarkeit der Gentechnik und der neuen Informationstechniken wird die Forderung nach Instrumenten dringlich, durch die solche gesellschaftlichen Dialoge mit dem politischen Entscheidungsprozeß wirksam verbunden werden können. Wenn aus all diesen Anlässen der verstärkte Ausbau von Volksbefragung und Volksabstimmung gefordert wird, so liegt darin zumindest ein Signal für ein Defizit der politischen Verfahren in der Bonner Demokratie. Die Gleichgültigkeit, mit der viele politische Amtsträger über solche Forderungen hinweggehen, ist alles andere als ein Zeichen demokratischer Besonnenheit. Bisweilen drückt sich darin pure Denkfaulheit aus, bisweilen sicher auch die richtige, aber kurzatmige Einsicht, daß mehr Demokratie anstrengender ist als weniger.

Doch so wie die Revolution unserer Lebensverhältnisse durch neue Technologien nach effektiver Bürgerbeteiligung förmlich schreit, so wirft die Konzentration von wirtschaftlicher Macht oder Medienmacht in neuer Weise die Frage nach der Verteilung von Macht und nach der Kontrolle der Machtausübung auf. Die Phänomene, die ich damit benenne, lassen sich nur schwer leugnen. Manche sprechen deshalb beschwörend von einer Krise der demokratischen Staatsform. Doch die geschilderten Entwicklungen müssen nicht unausweichlich in eine Krise der Demokratie führen, solange diese als eine entwicklungsfähige Staatsordnung begriffen wird, die auf neue Herausforderungen durch eine Erweiterung der Instrumente für die Beteiligung aller Bürger zu reagieren vermag.

Politik als Beruf

Politische Mitverantwortung, so erklärt die Denkschrift der EKD von 1985, bildet für jeden Christen einen Teil seines weltlichen Berufs. Im Beruf nimmt, Luthers schöner Wortprägung zufolge, der Christ seine Verantwortung vor Gott im Dienst des Nächsten wahr. Darin sind sich alle Berufe gleich. In allen Berufen haben Christen teil am Beruf zur Politik.

Das ist eine ungewohnte Behauptung. Denn im Zeitalter der Berufspolitiker spricht man den Beruf zur Politik nur noch wenigen zu, denen nämlich, die Politik zum Inhalt ihres Lebens wie ihrer Karriere machen. Am eindringlichsten hat Max Weber diesen Beruf zur Politik beschrieben.

Unter den angespannten und knisternden Bedingungen des Jahres 1919 stellte Weber einen Vortrag in München unter den Titel «Politik als Beruf». Noch heute wird dieser Vortrag immer wieder zitiert, weil man ihm gern die Entgegensetzung von Gesinnungs- und Verantwortungsethik entlehnt, deren Gegensatz Weber in die beiden Maximen faßte: «Der Christ tut recht und stellt den Erfolg Gott anheim» und «man hat für die (voraussehbaren) Folgen seines Handelns aufzukommen». Doch weit wichtiger als die – von Weber im selben Text alsbald relativierte – Entgegensetzung von Gesinnungs- und Verantwortungsethik ist die Beschreibung politischen Handelns, die der Soziologe mitten in den von ihm als «Karneval» empfundenen Münchener Revolutionswirren gibt. Die Fähigkeit zur Politik mißt er an drei Qualitäten: der Leidenschaft für eine «Sache»; dem Verantwortungsgefühl für die betroffenen Menschen und die voraussehbaren Folgen; und schließlich dem Augenmaß, das die großen politischen Ziele durch das «starke langsame Bohren von harten Brettern» in das jeweils Erreichbare umsetzt.

Weber hat in seinen Begriff der Politik integriert, was man heute oft zu Unrecht als «Gesinnungsethik» in Mißkredit bringt: die Orientierung an großen, als unerreichbar erscheinenden Zielen. Denn das Mögliche erreicht man nur, wenn man scheinbar utopische Ziele im Auge behält. Doch zur Politik taugt zugleich nur, wer dem Scheitern großer Ziele standhalten kann. «Nur wer sicher ist, daß er daran nicht zerbricht, wenn die Welt, von seinem Standpunkt aus gesehen, zu dumm oder zu gemein ist für das, was er ihr bieten will, daß er all dem gegenüber: ‹dennoch› zu sagen vermag, nur der hat den ‹Beruf› zur Politik.»

Weber wollte diesen Beruf zur Politik wenigen, einer Elite vorbehalten. Eine Beschäftigung mit der Demokratie aus der Perspektive christlicher Ethik geht dagegen davon aus, daß der Beruf zur Politik allen Bürgerinnen und Bürgern zukommt. Diejenigen, die in politische Mandate und Ämter gewählt werden, nehmen diese Aufgaben nur stellvertretend für die Gesamtheit wahr. Auch die Kehrseite trifft zu: Beim Scheitern großer Ziele steht nicht nur die kleine Zahl der Berufspolitiker, es stehen vielmehr alle vor der Frage, wie sie in diesem Scheitern «dennoch» sagen können. Das Scheitern des Friedens oder der Versöhnung mit der Natur, das Scheitern von Gleichheit der Bildungschancen und Gerechtigkeit im Weltmaßstab fordert nicht nur von politischen Amtsinhabern ein mutiges «dennoch». Viele, die in den letzten Jahren einen weiteren Rüstungswettlauf verhindern, eine entschiedene Entwicklungspolitik fördern oder den Vorrang ökologisch und human angepaßter Technologien erreichen wollten, waren auf ein solches «dennoch» dringend angewiesen.

Am Beruf zur Politik haben alle Anteil. Die besondere Aufgabe politischer Repräsentanten wird damit nicht geleugnet. Die Demokratie vertraut ihnen vielmehr ein hohes Maß an Macht und Verantwortung an. Es klingt wie ein Kommentar zu manchen Affären der letzten Jahre, wenn die Denkschrift der EKD in diesem Zusammenhang bemerkt: «Das demokratische Gemeinwesen braucht... vertrauenswürdige Repräsentanten, also verantwortliche Frauen und Männer, die Führungsaufgaben so verläßlich wahrnehmen, daß die Bürger sich an Person und Position orientieren können. ... Der demokratische Staat ist darauf angewiesen, daß Politiker sich an ethischen Maßstäben messen und von anderen darauf ansprechen lassen.»

Kirche in der Demokratie

In der Bundesrepublik, so sagen manche, ist die Verfassung an die Stelle getreten, an der in der Tradition das Vaterland stand. Für uns Deutsche ist die Einheit von Staat und Nation zerbrochen. Deshalb ist die demokratische Verfassung zu einem wichtigen Angelpunkt für die kollektive Identität der Westdeutschen geworden. Es ist ein historischer Glücksfall, daß das Bonner Grundgesetz diese Last zu tragen vermag. Mit guten Gründen kann man in der Bundesrepublik Verfassungspatriot sein. Doch kollektive Identität kann eine Verfassung nur vermitteln, wenn sie gelebt wird. Deshalb ist eine Weiterentwicklung des Verfassungsverständnisses an der Zeit; nicht von der streitbaren, von der gelebten Demokratie ist zu reden. Zu ihr können auch die Kirchen beitragen: durch eine Kultur der Rücksichtnahme und des friedlichen Streits, die auf Staat und Gesellschaft ausstrahlt. Vielleicht lag die Bedeutung der Kirchentage während der letzten Jahre vor allem anderen in ihrem Beitrag zur Kultur der gelebten Demokratie.

Die Alternative zu dieser politischen Rolle der Kirche ist ebenfalls in Sicht. Unter dem Titel der «bürgerlichen Religion» (civil religion) wird sie zum Programm erhoben. Religion als Kitt des gesellschaftlichen Bestandes, als Überhöhung eines neuen Nationalgefühls wird gefordert. Die Kirche soll sich ihrer integrativen Rolle erinnern; für ihre kritische

Funktion besteht kein Bedarf. Unter den Bedingungen der wechselseitigen Unabhängigkeit von Staat und Kirche soll die Kirche wieder in eine vordemokratische Legitimationsfunktion einrücken. Staatliche Herrschaft und gesellschaftliche Grundwerte sollen aufs neue mit religiöser Weihe versehen werden.

Gegenüber der Forderung nach «bürgerlicher Religion» verfechte ich die These von der kritischen Funktion der Kirche in der Demokratie. Nicht eine vordemokratische Legitimationsfunktion, sondern eine demokratische Partizipationsfunktion kommt der Kirche im politischen Prozeß der Demokratie zu. Dabei sollte man sich freilich vor dem Mißverständnis, daß christlicher Glaube nur in der parlamentarischen Demokratie praktiziert werden kann, ebenso hüten wie vor einem christlichen Monopolanspruch in der Begründung der Demokratie. Denn die Demokratie ist so wenig ein christlicher Staat wie die Monarchie des 19. Jahrhunderts, die auch schon viele dafür hielten. Sie verdient die kritische Solidarität der Christen und der Kirchen, nicht weniger, aber auch nicht mehr.

Die wechselseitige Unabhängigkeit von Kirche und Staat gehört zur Demokratie. Die Kirche hat für ihren Verkündigungsauftrag keinerlei staatliche Autorität in Anspruch zu nehmen; der Staat muß darauf verzichten, seine Herrschaft auf geistlichen Zwang zu stützen. Doch wechselseitige Unabhängigkeit ist nicht dasselbe wie gleichgültige Beziehungslosigkeit. Die Bundesrepublik Deutschland ist als Staat nicht für die besonderen Aufgaben der Kirchen farbenblind. Und Christen erwarten zu Recht von der Kirche, daß sie an den politischen Grundkonflikten der Gegenwart anteilnimmt, daß sie nach Wegen sucht, wie Frieden und Gerechtigkeit zu fördern sind und wie die Schöpfung bewahrt werden kann. Wenn von Staats wegen eine politische Abstinenz der Kirche gefordert wird – und das kann man von vielen Seiten hören –, dann spricht daraus die Tradition des Obrigkeitsstaats stärker als das Verständnis für die Rolle der Kirche in der Demokratie. Doch vor einem sollten amtierende Politiker sich hüten: Sie sollten nicht die Zustimmung der Kirche zur Demokratie dankbar begrüßen, um dann ihre Stellungnahmen zu Fragen von Frieden und Umwelt als unzulässige Einmischung zurückzuweisen.

In diesem Sinn hat beispielsweise Franz Josef Strauß als bayerischer Ministerpräsident von der Demokratiedenkschrift der EKD Gebrauch gemacht. In einem Brief vom 27. März 1986 an die katholischen Bischöfe in Bayern, an den evangelischen Landesbischof und die evangelischen Kreisdekane hat er dankbar den Inhalt dieser Denkschrift so zusammengefaßt, «daß in der Demokratie politische Gegensätze sachlich und fair ausgetragen werden müssen und daß die Beachtung der Regeln, denen im demokratischen Staat politische Auseinandersetzungen unterliegen, für den Christen eine Form der Nächstenliebe ist. Christen müßten dafür Sorge tragen, daß in umstrittenen Fragen politischer Einschätzung die Gemeinschaft des Glaubens nicht Schaden nimmt. Deshalb dürften kirchliche Amtsträger die Kirche nicht für ihre persönlichen Entscheidungen in Anspruch nehmen.»

Diese Deutung der Denkschrift verwendet Strauß, um Pfarrern und christlichen Gruppen das Recht zu bestreiten, aus Gründen des christlichen Glaubens gegen den geplanten Bau einer Wiederaufarbeitungsanlage in Wackersdorf zu protestieren. Er bestreitet Theologen das Recht, den großtechnischen Ausbau der Kernenergie als «Gewalt gegen die Schöpfung» zu bezeichnen, und rückt den Protest gegen das Wackersdorfer Bauvorhaben «in die Gesellschaft von verfassungsfeindlichen extremistischen Organisationen». Er trennt Ethik und Politik, indem er die Entscheidung über die Wiederaufbereitungsanlage zu einer «Frage der Naturwissenschaften und der Politik» erklärt. Er verlangt von der Kirche die Legitimation eines repräsentativen Absolutismus, der jeden Bürgerprotest als Anschlag auf die Verfassungsordnung brandmarkt. Er verlangt von der Kirche damit ein Ja zur Demokratie, aber Enthaltsamkeit in allen inhaltlichen Fragen der Politik. Die Inkonsequenz einer solchen Forderung ist leicht zu durchschauen.

RECHTSBEFOLGUNG UND ZIVILER UNGEHORSAM

In der Demokratie haben alle Bürger den Beruf zur Politik. Er kann nur den Charakter kritischer Loyalität gegenüber dem Staat tragen. Er schließt die Pflicht zur Rechtsbefolgung ein – eine Pflicht übrigens, die Regierende und Regierte, Staatsbeamte und andere Bürger, Schatzmeister politischer Parteien und Verkehrsteilnehmer in gleicher Weise trifft. Ebenso schließt diese kritische Loyalität die Pflicht ein, selbständig zu prüfen, ob der Staat im Einzelfall Gerechtigkeit, Frieden und Freiheit fördert oder gefährdet. Zur selbständigen Prüfungspflicht jeder Bürgerin und jedes Bürgers gehören die Probleme des Widerstandsrechts und des zivilen Ungehorsams, die manche zum entscheidenden Prüfstein des Demokratieverständnisses erheben wollen. Noch mehr als sonst ist deshalb hier begriffliche Klarheit nötig.

Widerstand und ziviler Ungehorsam

Das Bonner Grundgesetz sieht ein Recht auf Widerstand zum Schutz der demokratischen Verfassung als solcher vor: «Gegen jeden, der es unternimmt, diese Ordnung zu beseitigen, haben alle Deutschen das Recht zum Widerstand, wenn andere Abhilfe nicht möglich ist» (Art. 20,4). Gedacht ist hier an gewaltsamen Widerstand als letztes Mittel zur Rettung der Verfassungsordnung. Bei den Auseinandersetzungen über politische Einzelfragen – und sei ihre Bedeutung für Leben und Überleben noch so zentral – liegt dieses Widerstandsrecht aus einem doppelten Grund nicht vor. Zum einen richtet sich der Protest gegen geplante oder vollzogene Maßnahmen dieser Art nicht gegen einen Angriff auf die Verfassungsordnung als solche, gegen den andere Hilfsmittel nicht zur Verfügung stehen. Er richtet sich vielmehr – auf der Grundlage der gemeinsam anerkannten Verfassung – gegen bestimmte politische Entscheidungen, deren Folgen nach dem Urteil derer, die ihnen widersprechen, unrichtig eingeschätzt oder verharmlost werden. Zum andern muß dieser Protest in jedem Fall – im Unterschied zum Widerstandsbegriff, der in Art. 20 des Grundgesetzes gemeint ist – auf gewaltfreie Äußerungs- und Aktionsformen beschränkt bleiben. Denn ebenso wie die Anwendung von Gewalt zwischen den Staaten ein irrationales Mittel zur Lösung von Konflikten geworden ist, dient auch die Gewaltanwendung innerhalb eines Staats in aller Regel nicht in verantwortbarer Weise der Gerechtigkeit und dem Frieden. Über die Fälle des Widerstandsrechts in anderen Ländern wird damit nicht aus der sicheren Perspektive einer wohlhabenden Industrienation entschieden. Doch für die Lage in der Bundesrepublik muß gelten, daß die Auseinandersetzung über die politischen Grundkonflikte unserer Gegenwart nur mit gewaltfreien Mitteln geführt werden darf.

Vom Widerstandsrecht muß man also diejenigen Vorgänge sorgfältig unterscheiden, in denen Bürgerinnen und Bürger ihrem Widerspruch gegen einzelne für verhängnisvoll gehaltene Entscheidungen dadurch Nachdruck verleihen, daß sie ihn mit gezielten Regelverletzungen verbinden. Man hat der evangelischen Kirche zum Vorwurf gemacht, daß sie (in der schon besprochenen Demokratie-Denkschrift von 1985) diesem bürgerlichen Ungehorsam zu viel Verständnis entgegenbringt. Solche Vorwürfe sind grundlos. Der Protestantismus hält noch immer große Stücke auf eine Ethik der Rechtsbefolgung. Doch unauslöschlich gehört zu ihm, die Erinnerung daran, daß es in bestimmten Situationen gilt, Gott mehr zu gehorchen als den Menschen, und diesem Gehorsam Ausdruck zu geben, ohne die Folgen zu scheuen. Und nüchtern muß man hinzufügen: In der bisherigen Geschichte der Deutschen hat protestantischer Obrigkeitsgehorsam sich weit verheerender ausgewirkt als protestantischer Protest. Wenn die evangelische Kirche heute den Staat dazu auffordert, die Gewissensbedenken der Bürger ernst zu nehmen, die sich zu Akten des zivilen Ungehorsams genötigt sehen, dann verrät sie nicht die Demokratie, sondern bringt ihr eigenes Erbe in die Demokratie ein. Denn nichts verbindet Protestantismus und Demokratie mehr als die Freiheit des Gewissens. Deshalb aber steht eine protestantische Ethik des Politischen vor einer doppelten Aufgabe zugleich: Sie hat von der Pflicht zur Rechtsbefolgung ebenso zu handeln wie von der Pflicht zum Ungehorsam; denn die Aufgaben des Staats sind ebenso ihr Thema wie seine Grenzen. Wo die Grenzen staatlicher Macht überschritten sind, findet auch die Ethik der Rechtsbefolgung ihre Grenzen.

Die Grenzen des Staats und die Pflicht zum Ungehorsam

Seit es politische Ethik gibt, arbeitet sie mit der fundamentalen Unterscheidung zwischen dem, was als Aufgabe der politischen Gemeinschaft anzuerkennen ist, und dem, was ihrer Verfügungsgewalt entzogen bleiben muß. Die Anerkennung der Aufgaben der politischen Gewalt und die Feststellung ihrer Grenzen sind in der politischen Ethik gleich ursprünglich. Die Einsicht, daß um des gemeinsamen Lebens willen politische Herrschaft nötig ist, trägt die Folgerung in sich, daß politische Herrschaft nur als begrenzte ihre Aufgaben erfüllt. In diesem

Fluchtpunkt trifft sich die politische Ethik, die auf die Griechen zurückgeht, mit der christlichen Tradition.

Der unausweichliche Konflikt des einzelnen mit einer politischen Gewalt, die ihre Grenzen überschreitet, begegnet in der griechischen Tradition exemplarisch in der Gestalt der Antigone, die dem Gesetz des Kreon die ungeschriebenen Satzungen des Himmels entgegenstellt und ihren Bruder Polyneikes unter Einsatz des eigenen Lebens bestattet. Platons Apologie gibt diesem Konflikt einen zugespitzten Ausdruck; seinen Richtern hält Sokrates entgegen: «Ich werde dem Gott mehr gehorchen als euch.»

Hier schon markiert der Gottesbegriff die Grenze, innerhalb deren die Loyalität gegenüber der politischen Gewalt allein einen verantwortbaren Sinn hat.

Was bei Sokrates die Form einer persönlichen Aussage trägt, wird im Neuen Testament in die Gestalt einer allgemeinen Regel gekleidet. Nach der Apostelgeschichte antwortet Petrus auf das Verbot des Hohen Rats, im Namen Jesu zu predigen, nicht mit einem persönlichen Bekenntnis, sondern mit einem allgemeinen Satz, der «clausula Petri»: «Man muß Gott mehr gehorchen als den Menschen.» Damit bringt er dieselbe Grenzbestimmung zum Ausdruck, die auch in dem berühmten Zinsgroschenwort Jesu begegnet: «Gebt dem Kaiser, was des Kaisers ist, und Gott, was Gottes ist.»

In beiden Regeln zeigt sich ein charakteristischer Grundzug des Neuen Testaments im ganzen: seine Entmythologisierung politischer Herrschaft. In dieser Entmythologisierung des Politischen besteht insbesondere eine wichtige politische Wirkung der Bergpredigt: Der Fixierung auf Feindschaft stellt sie die Einladung zur Feindesliebe, der Fixierung auf Gewalt die Einladung zur Gewaltfreiheit, der Fixierung auf Sicherheit das Lob des ungesicherten Lebens entgegen. In einer Zeit, in der politische Herrschaft mit religiöser Qualität ausgestattet und der römische Kaiser als Gott verehrt wurde, waren das revolutionäre Töne. Die Beseitigung politischer Herrschaft ergab sich aus ihnen nicht, wohl aber ein unüberhörbarer Hinweis auf deren begrenzte Aufgabe. Darin traf sich die Entmythologisierung des Politischen in der Bergpredigt mit der Aufforderung des Paulus, den staatlichen Autoritäten in ihrer begrenzten Funktion gehorsam zu sein.

Seit das Christentum nach der konstantinischen Wende zur Staatsreligion geworden war, beherrschte die Staatsfrömmigkeit weithin das Feld. Doch völlig verdrängt wurde die Erinnerung nie, daß der staatlichen Macht Grenzen gesetzt sind, deren Überschreiten eine Pflicht zum Ungehorsam auslöst.

Auch eine so konsequent am Gedanken der Ordnung orientierte Theologie wie das große Werk des Thomas von Aquin enthält diese Einsicht: «Der Mensch braucht menschlichen Machthabern nur soweit zu folgen, als es die Ordnung der Gerechtigkeit fordert. Wenn sie deswegen keine rechtmäßige, sondern nur eine angemaßte Gewalt besitzen oder wenn sie Ungerechtes befehlen, dann sind die Untertanen nicht verpflichtet, ihnen zu gehorchen, es sei denn vielleicht zufällig, um Ärgernis oder eine Gefahr zu vermeiden.» Zwei Fälle der Pflicht zum Ungehorsam sind hier unterschieden: der Fall einer unrechtmäßigen Herrschaftsform, also der illegitimen Gewalt auf der einen, der Fall eines rechtswidrigen Befehls einer an sich legitimen Obrigkeit auf der anderen Seite. Schon Thomas von Aquin unterscheidet also der Sache nach zwischen dem Widerstand im strikten Sinn, der sich gegen eine tyrannische Herrschaft als solche richtet, und dem Widerstehen gegen illegitime Einzelmaßnahmen, das wir heute als Gehorsamsverweigerung aus Gewissensgründen oder (wenn es mit Regelverletzungen verbunden ist) als zivilen Ungehorsam bezeichnen.

Auch Luther hat, wie wir sahen, an diese Tradition angeknüpft. Er hat die staatliche Gewalt an elementare Grundrechte gebunden gesehen und ihr den Respekt vor der Glaubens- und Gewissensfreiheit abverlangt. Wo sie diese Grenzen überschreitet, ist die Verweigerung des Gehorsams am Platz. Um Ungehorsam im strengen Sinn handelt es sich dabei jedoch nicht. Denn «es ist nicht Aufruhr oder Ungehorsam, wenn ich in jenen Dingen nicht gehorche, über welche dem Kaiser kein Recht zusteht».

Eines der konkreten Beispiele Luthers ist die Weigerung gegenüber dem staatlichen Befehl, reformatorische Schriften auszuliefern. Diese Weigerung ist, um einen modernen Begriff aufzunehmen, nur ein «prima-facie-Ungehorsam», ein Ungehorsam also allein auf den ersten Blick, der in Wahrheit durch die Freiheit des Gewissens gedeckt ist. Ein anderes Beispiel ist die Pflicht, die Gefolgschaft in einem ungerechten Krieg zu verweigern. In der «Warnung an seine lieben Deutschen» fordert Luther die christlichen Soldaten für den Fall eines Kriegs der Kaiserlichen gegen die Evangelischen auf, den Kaiser auf dem Feld allein stehenzulassen und keine Hand für ihn zu rühren. Der Satz «Stell dir vor, es ist Krieg, und keiner geht hin» kann in diesem Sinn als Satz reformatorischer Ethik gelten.

Es ist also nicht ohne Zusammenhang mit der christlichen Tradition, wenn auch in der neuzeitlichen politischen Theorie die Verantwortung des Bürgers immer unter einer doppelten Perspektive betrachtet wird: als Pflicht zum Gehorsam gegenüber dem Rechtsgesetz einerseits, andererseits aber als die Pflicht zur selbständigen Prüfung des Gesetzes und gegebenenfalls zur Resistenz gegen Maßnahmen, die nicht als allgemeines Gesetz gelten können. Diese doppelte Bestimmung politischer Verantwortung folgt schon aus dem Begriff der Aufklärung, wie etwa Kant ihn formulierte. So hätte es auch in der deutschen Tradition – soweit sie sich als «Ausgang aus der selbstverschuldeten Unmündigkeit» verstand – Anknüpfungspunkte dafür gegeben, im Grenzfall auch zivilen Ungehorsam als Ausdruck politischer Verantwortung zu begreifen. Das geschah jedoch nicht. Theorie und Praxis des zivilen Ungehorsams wurden andernorts entwickelt. Allzu spät hat man eingesehen, daß darin nicht eine deutsche Tugend, sondern ein Defizit der deutschen politischen Kultur zu sehen ist. Denn nur so konnte das Befolgen eines verbrecherischen Befehls, die Erfüllung eines elementar ungerechten Gesetzes als «typisch deutsch» betrachtet werden.

Unsere bisherige Überlegung blieb allgemein; darauf, wo heute Grenzen des Staats zu sehen sind, enthielt sie keine Antwort. Dafür sind Maßstäbe erforderlich, über die man sich verständigen kann. Der Hinweis auf das individuelle Gewissen allein reicht nicht. Zwar stimmt es: die Weigerung gegenüber staatlichen Entscheidungen oder gar der zivile Ungehorsam sind nur aufgrund persönlicher Gewissensentscheidung vertretbar. Doch auch das Gewissen bildet sich in der Kommunikation; auch Gewissensentscheidungen sind Ergebnisse von Verständigungsprozessen, in denen Gründe geltend gemacht werden.

Hier weist die europäische Tradition auf das Naturrecht. So abstrakt die Erörterungen darüber auch oft sind – ihre Notwendigkeit entspringt unmittelbarer politischer Erfahrung. Wo Menschen ihres Lebens beraubt oder in ihrer Gewissensfreiheit eingeschnürt werden, wo elementare Gerechtigkeitsstandards mit Füßen getreten werden oder der Staat seine Pflicht zum Frieden verletzt, überall dort geschieht etwas, das durch kein positives Recht gedeckt werden kann. Doch die Umformung dieser negativen Erfahrungen in feststellende Sätze bleibt immer schwierig und umstritten. Deshalb ist man angesichts der Grauen unseres Jahrhunderts wieder zum Unrechtsargument zurückgekehrt: es gibt staatliche Rechtssetzung und staatliche Handlungen, die in so elementarer und unerträglicher Weise gegen Forderungen der Gerechtigkeit verstoßen, daß ihnen kein Gehorsam geschuldet wird. Die Pflicht zur Rechtsbefolgung findet hier ein Ende.

Darüber hinaus kann man auf die grundlegenden Prinzipien hinweisen, denen die staatliche Gewalt durch die jeweils geltende Verfassung unterworfen ist. Der neuzeitliche Verfassungsstaat ist der Versuch, die Grenzen des Staats zum Thema des positiven Verfassungsrechts zu machen. Damit hat er sich auf eine Konzeption festgelegt, nach der Recht und Moral nicht beziehungslos nebeneinanderstehen, sondern – sosehr sie unterschieden bleiben – aufeinander bezogen sind. Die Menschenrechts- und Grundrechtskataloge beschreiben die

Grenze, die staatliche Rechtssetzung und Rechtsanwendung beobachten müssen, wenn Recht und Moral nicht zueinander in Widerspruch treten sollen. Die Grundrechte markieren die Grenzen des Staats; sie tragen aber zugleich dazu bei, die Prinzipien genauer zu erfassen, die der staatlichen Ordnung zugrunde liegen. Folgt man dem Bonner Grundgesetz, dann treten vier solche Prinzipien in den Vordergrund: Demokratie, Rechtsstaatlichkeit, Sozialstaatlichkeit und Friedensstaatlichkeit.

Keines dieser Prinzipien war in den letzten Jahren mehr umstritten als die Friedensstaatlichkeit. Sie bildet den sachlichen Grund dafür, warum das Bonner Grundgesetz (in seinem Artikel 25) sowohl die staatliche Gewalt als auch den einzelnen Bürger nicht nur an die Grundrechte, sondern auch an die allgemeinen Grundsätze des Völkerrechts bindet.

Daraus ziehen viele die Folgerung, daß die Mittel militärischer Sicherheitspolitik, die im Staat des Bonner Grundgesetzes politisch verantwortet werden können, den Grundsätzen des Völkerrechts entsprechen müssen. Auch nachdem das Bundesverfassungsgericht in seinem «Nachrüstungsurteil» vom 18. Dezember 1984 diesem Argument keine verfassungsrechtliche Durchschlagskraft zuerkannt hat, bleibt das Dilemma bestehen. Das Völkerrecht hat den Versuch unternommen, die militärische Gewaltanwendung zwischen Staaten, wo sie als unausweichlich erscheint, an menschenrechtliche Minimalstandards zu binden. Zu ihnen gehört die Unterscheidung zwischen militärischen Zielen und Kombattanten, die «Objekte von Schädigungshandlungen» sein dürfen, und zivilen Objekten und Nichtkombattanten, die rechtlich gegen solche Schädigungen geschützt sind. Der Widerspruch zwischen diesem völkerrechtlichen Grundsatz und den in Ost wie West herrschenden Verteidigungs- und Kriegverhütungsdoktrinen ist offensichtlich. Die katholischen Bischöfe in den USA hat er dazu veranlaßt, der Abschreckungsdoktrin die ethische Rechtfertigungsbasis zu entziehen.

Die strategischen Doktrinen der Gegenwart unterscheiden

nicht zwischen militärischen und zivilen Zielen. Der Schaden, mit dem sie kalkulieren, steht in keinerlei vertretbarem Verhältnis zu den Zielen, die mit solchen Schädigungen verwirklicht werden sollen. Statt sich einfach an diesen Zustand zu gewöhnen, der völkerrechtlichen Maßstäben ebenso wie ethischer Einsicht widerspricht, muß man sich klarmachen: Verantwortlich für solche Handlungen ist nicht nur der Staat, in dessen Verfügungsgewalt die entsprechenden Waffen stehen; verantwortlich ist ebenso der Staat, von dessen Boden aus sie eingesetzt werden. Der Widerspruch der herrschenden Strategien zu Völkerrecht und moralischer Pflicht hat Konsequenzen also auch für die Bundesrepublik Deutschland, insbesondere nachdem sie sich zum Stationierungsland für Pershing II und Cruise Missiles gemacht hat.

Man kann diesen Konflikt zwischen völkerrechtlichen wie ethischen Normen und politischem Handeln nur scheinbar dadurch entschärfen, daß man zwischen der Drohung mit Massenvernichtungsmitteln und ihrem Einsatz unterscheidet. Denn die Drohung ist nur glaubwürdig, wenn man auch einzusetzen bereit ist, womit man droht. Das System der Abschreckung lebt von der Glaubwürdigkeit der Drohung. Deshalb muß, wer droht, auch die Verantwortbarkeit der Handlung prüfen, mit der er droht. Man kann sich dem Dilemma moderner Massenvernichtungswaffen nicht mit der Auskunft entwinden, es handle sich nicht um militärische, sondern um politische Waffen. Aus diesem Grund hat der Ökumenische Rat der Kirchen bei seiner Vollversammlung in Vancouver 1983 nicht nur den Einsatz von Atomwaffen, sondern auch die Drohung mit ihnen als ein Verbrechen gegen die Menschheit bezeichnet. Politiker wie Helmut Schmidt oder Peter Glotz (von Politikern anderer Parteien sich immerhin noch dadurch unterscheidend, daß sie die Erklärung zur Kenntnis nahmen) sahen darin einen Ausdruck falschen christlichen Hochmuts. Zu Unrecht. Noch immer ist es nötig, das Dilemma der Abschreckung in der Schärfe wahrzunehmen, in der es vom Ökumenischen Rat beschrieben wurde:

«Das Konzept der Abschreckung, dessen Glaubwürdigkeit von dem möglichen Einsatz von Atomwaffen abhängt, ist aus moralischen Gründen abzulehnen; (abzulehnen ist es auch), weil es ungeeignet dazu ist, Frieden und Sicherheit langfristig zu wahren; die Herstellung und Stationierung von Kernwaffen sowie deren Einsatz sind ein Verbrechen gegen die Menschheit. Deshalb sollten die Herstellung von Kernwaffen sowie die Rüstungsforschung und -entwicklung in allen Ländern vollkommen eingestellt und dieser Stopp so bald als möglich durch ein Abkommen durchgesetzt werden.»

Die Schärfe, in der hier die Lebensfeindlichkeit der Rüstung mit Massenvernichtungsmitteln gebrandmarkt wird, erscheint als schockierend; und bedrückend ist der tiefe Graben, der die vom Ökumenischen Rat der Kirchen erhobenen Forderungen von der heutigen politischen Realität trennt. Die Einsicht in diesen Widerspruch hebt die Pflicht zur Rechtsbefolgung nicht auf. Doch für denjenigen, der den Widerspruch zwischen der herrschenden Form militärischer Sicherheitspolitik und elementaren völkerrechtlichen wie ethischen Standards in seiner Massivität wahrnimmt, muß in der Weiterrüstung mit Massenvernichtungsmitteln und in der Ausdehnung der Abschreckung auf den Weltraum eine Handlungsweise liegen, mit der staatliche Gewalt die ihr gesetzten Grenzen überschreitet.

Für viele Bürgerinnen und Bürger war eine solche Situation durch die Zustimmung von Bundesregierung und Bundestag zu der Stationierung neuer nuklearer Mittelstreckenwaffen auf deutschem Boden gegeben, die seit dem Herbst 1983 in die Tat umgesetzt wird. Ihrem Protest dagegen haben sie durch symbolische Blockaden Ausdruck gegeben, in denen ihr ziviler Ungehorsam öffentlich wirksam werden sollte. Sie nahmen eine Regelverletzung und ihre Risiken bewußt in Kauf, um dadurch auf den lebensbedrohlichen Charakter der sich fortsetzenden Hochrüstung aufmerksam zu machen. Sie verzichteten auf alle Gewalt und ließen sich widerstandslos von Polizisten zur Seite tragen. In aller Regel anerkannten sie, daß sie gegebenenfalls zu Recht wegen Verstoßens gegen die Straßenverkehrsordnung oder das Versammlungsgesetz bestraft wurden. Doch die Bestrafungen gingen darüber hinaus. Trotz ihrer konsequent gewaltfreien Handlungsweise wurden viele von ihnen wegen nötigender Gewalt zu Geldstrafen nach Tagessätzen verurteilt. Dem Antrag, solche Urteile wegen Verfassungswidrigkeit aufzuheben, hat das Bundesverfassungsgericht in seiner Entscheidung vom 11. November 1986 nur in einem Fall stattgegeben.

Wegen verwerflicher, also nötigender Gewalt wurden also Menschen verurteilt, deren Situation die Demokratiedenkschrift der EKD von 1985 so beschrieb: «Sieht jemand grundlegende Rechte aller schwerwiegend verletzt und veranschlagt dies höher als eine begrenzte Verletzung der staatlichen Ordnung, so muß er bereit sein, die rechtlichen Konsequenzen zu tragen. Es handelt sich dabei nicht um Widerstand, sondern um demonstrative, zeichenhafte Handlungen, die bis zu Rechtsverstößen gehen können. Die Ernsthaftigkeit und Herausforderung, die in solchen Verstößen liegt, kann nicht einfach durch den Hinweis auf die Legalität und Legitimität des parlamentarischen Regierungssystems und seiner Mehrheitsentscheidungen abgetan werden. Zum freiheitlichen Charakter einer Demokratie gehört es, daß die Gewissensbedenken und Gewissensentscheidungen der Bürgerinnen und Bürger gewürdigt und geachtet werden. Auch wenn sie (d. h. die Handlungen des zivilen Ungehorsams, W. H.) rechtswidrig sind und den dafür vorgesehenen Sanktionen unterliegen, müssen sie als Anfragen an Inhalt und Form demokratischer Entscheidungen ernst genommen werden.»

Daß ziviler Ungehorsam im politischen Entscheidungsprozeß der Bundesrepublik ernst genommen wurde, wird man bisher nur schwer nachweisen können. Um so ernster nahmen ihn die Gerichte. Nicht nur als Verstöße gegen die Straßenverkehrsordnung oder das Versammlungsgesetz, sondern als nötigende Gewalt nach § 240 des Strafgesetzbuches wurden Handlungen des zivilen Ungehorsams bestraft. Ich komme darauf noch einmal zurück.

Rechtsstaatlich begrenzte Demokratie und repräsentativer Absolutismus

Zuvor nehme ich jedoch den Faden der grundsätzlichen Erwägungen wieder auf. Wie wir sahen, kann eine politische Ethik, die die jüdisch-christliche Tradition nicht verdrängt, die Frage nach den Aufgaben des Staates und nach seiner politischen Form von der Frage nach seinen Grenzen nicht trennen. Unter den Bedingungen der Neuzeit gerät sie in einen unausweichlichen Konflikt mit der politischen Ethik eines Thomas Hobbes, die die Frage nach den Grenzen des Staates gerade nicht mehr aufkommen läßt.

Hobbes hat, nicht zuletzt unter dem Eindruck, daß Menschen sich aus Gründen der religiösen Überzeugung bis aufs Blut bekriegen können, die These von der ungeselligen Grundverfassung des Menschen entwickelt: Der Mensch ist dem Menschen ein Wolf. Nur durch eine äußerliche Zwangsordnung kann seiner Wolfsnatur gewehrt werden. Um diese Zwangsordnung gegen den kritischen Aufruhr des individuellen Gewissens zu sichern, mußte Hobbes die Möglichkeit ausschalten, daß der Gottesgehorsam gegen den dem Staat geschuldeten Gehorsam ausgespielt wurde. Das gelang ihm mit der These, im christlichen Staat könne zwischen beidem nie ein Konflikt entstehen, die «clausula Petri» sei in ihm gegenstandslos.

Dabei definierte er den christlichen Staat als den Staat, der die Predigt der christlichen Fundamentallehren zuläßt. Sie reduzieren sich für Hobbes auf den einen Satz: «Jesus der Christus». In diesem von jeder näheren Erläuterung befreiten Bekenntnis kann nie ein Anhalt dafür gefunden werden, daß der einzelne seine Gewissensbindung gegen die staatliche Autorität zur Geltung bringt. Die Folgerung heißt: «Eine Schwierigkeit, Gott und den Menschen zugleich zu gehorchen, ist in einem christlichen Staat gar nicht vorhanden.» Durchhalten läßt sich diese These freilich nur auf der Grundlage einer konsequenten Verstaatlichung des Gewissens; als Grundübel muß die Meinung gelten, daß jeder einzelne zum Urteil über Gut und Böse berechtigt sei. Dem hält Hobbes entgegen: «Das Gesetz ist das öffentliche Gewissen.» In der Konsequenz dieser Argumentation liegt es, daß die Gehorsamsforderung des Staates ausschließlich in der Legalität des Gesetzes begründet ist; die Spannung zwischen Legalität und Legitimität wird auf diese Weise aus der Welt geschafft.

Die Beseitigung dieser Spannung nun ist es, die den *repräsentativen Absolutismus* unserer Gegenwart mehr als alles andere kennzeichnet. Darin folgt er der Denkweise des Thomas Hobbes. An allen großen Konfliktfragen der letzten Jahre kann man zeigen, daß die jeweils herrschende Politik den Hinweis auf die Legalität des Verfahrens an die Stelle einer inhaltlichen Legitimation zu rücken suchte. Dieses Muster zeigte sich im Konflikt um die Frankfurter Startbahn West ebenso wie im Streit um die «Nachrüstung», im Konflikt um Brokdorf wie in der Auseinandersetzung um die Wiederaufarbeitungsanlage in Wackersdorf. Das Faktum einer Mehrheitsentscheidung soll – den inhaltlichen Zweifel an der Legitimität dieser Entscheidung ausräumen – in Fällen wie dem der «Nachrüstung» oder der Frankfurter Startbahn West sogar dann, wenn es eine solche Mehrheitsentscheidung gar nicht in der Form des Gesetzes, sondern nur als parlamentarische Resolution gibt. Dabei wird freilich verkannt, daß das Verfahren der demokratischen Mehrheitsentscheidung ursprünglich seine Überzeugungskraft von daher bezog, daß man der öffentlichen Diskussion das Zutrauen entgegenbrachte, aus ihr werde sich die jeweils bestmögliche Entscheidung ergeben. Das demokratische Verfahren ist also von seinem Ursprung her ein Verfahren zur Ermittlung und Vermittlung inhaltlicher Legitimität. Nun dagegen soll die Berufung auf dieses Verfahren dazu dienen, Entscheidungen, die häufig allein macht- und interessenpolitisch durchgesetzt worden sind, gegen die Rückfrage nach ihrer Legitimität abzuschirmen.

Zugleich und in unlöslichem Zusammenhang damit wird der Vorrang der Grundrechte und der Verfassungsprinzipien vor den Verfahrensregeln der Verfassung eingeebnet; die Grundrechte werden damit im Ergebnis staatlich funktionalisiert. Für die einschlägig geschärften Ohren des Theologen ist es jedenfalls ein verräterisches Indiz, wenn er Verfassungsjuristen über die «Heiligkeit» des Verfahrens in der Demokratie reden hört. Der Theologe wird einwenden: Mehrheitsregel und Repräsentativprinzip sind das wichtigste Verfahrensmodell in der Demokratie; doch heilig sind sie nicht. Sie haben ihre Aufgabe darin, dem Schutz der Menschenrechte und der Gewährleistung des inneren wie des äußeren Friedens zu dienen. Das Verfahren ist der Aufgabe untergeordnet, der es dient. Wenn menschliches Leben und menschliche Würde, die Bewahrung des Friedens und die Erhaltung der Lebensbedingungen für künftige Generationen auf dem Spiel stehen, kann niemand sein Gewissen mit der Auskunft beruhigen, repräsentatives Verfahren und Mehrheitsprinzip seien beachtet worden. Je bedrängender die Überlebensprobleme werden, desto weniger hilft uns repräsentativer Absolutismus. Desto dringender wird der Abschied von Thomas Hobbes.

Ziviler Ungehorsam und Nötigung

Fragen der politischen Ethik wurden zu lange anhand der schiefen Alternative von Gesinnungs- und Verantwortungsethik erörtert. Wahr ist, daß beides zusammengehört. Jeder, der sich in politischen Konflikten verantwortlich entscheiden will, muß sich nämlich zwei Fragen zugleich stellen. Er muß nach den Zielen fragen, an denen politisches Handeln sich zu orientieren hat (das ist die Frage der «Gesinnungsethik»); und er muß sich fragen, ob die eingesetzten Mittel angesichts dieser Ziele in ihren Folgen verantwortet werden können (das ist die Frage der «Verantwortungsethik»). Das gilt für die Entscheidungen jedes Regierenden, jedes Parlamentariers, jeder Bürgerin und jedes Bürgers. Es gilt auch für diejenigen, die sich zu Aktionen des zivilen Ungehorsams entscheiden. Für sie hat, wenn ich recht sehe, die Verbindung beider Fragen besonders einschneidende Folgen. Vier derartige Folgen will ich nennen.

Erstens: Ziviler Ungehorsam wird mißbraucht, wenn er zum Mittel der Selbstdarstellung gemacht wird. Die Absicht, die Reinheit des eigenen Gewissens und der eigenen Gesinnung hervorzukehren, steht zum Wesen des zivilen Ungehorsams in einem unaufhebbaren Widerspruch.

Zweitens: Die Entscheidung zum zivilen Ungehorsam kann sich niemand leichtmachen. Denn sie ist in jedem Fall eine Belastungsprobe der Rechtsgemeinschaft mit manchmal ungewissem Ausgang. Jede Regelverletzung muß sich vor der Gegenfrage verantworten, was geschehen würde, wenn das Durchbrechen dieser Regel zum «allgemeinen Gesetz» würde. Jede Verweigerung gegenüber der Pflicht zur Rechtsbefolgung muß sich den Vorhalt gefallen lassen, daß die Rechtssicherheit, also die Verläßlichkeit der Rechtsbefolgung wie der Rechtsdurchsetzung, selbst ein Gebot der Gerechtigkeit ist. Die Anerkennung des Rechts und die Erwartung, daß das Recht gilt, sind in sich selbst wichtig, ja kostbar. Jede Aktion des zivilen Ungehorsams muß deshalb erkennen lassen, daß die Erhaltung des politischen Gemeinwesens und damit auch der Rechtsgemeinschaft ihr Ziel darstellt. Wer den zivilen Ungehorsam mit einer Romantik der Illegalität umgibt, raubt ihm die Glaubwürdigkeit. Ziviler Ungehorsam ist auf die Wiederherstellung der staatlichen Rechts- und Friedensfunktion gerichtet; er muß deshalb der Legalität gegenüber alles andere als gleichgültig sein. Die Mittel der gezielten Regelverletzung können also allenfalls dann in Frage kommen, wenn sich alle anderen Formen der politischen Mitwirkung, der Demonstration und des Protests als nicht ausreichend erwiesen haben.

Drittens: Ziviler Ungehorsam ist auf Überzeugung, nicht auf Überwältigung aus. Schon deshalb muß er auf jede Form der gewaltsamen Schädigung des andern verzichten. Der zivile Ungehorsam ist eine dramatische Form, um eine unterdrückte Frage des politischen Zusammenlebens unüberhörbar zu machen und so einer Lösung zuzuführen. Die Themen des amerikanischen Landvermessers und Bürgerrechtlers David Henry Thoreau waren der Eroberungskrieg der Vereinigten Staaten gegen Mexiko, die Sklaverei in den amerikanischen Südstaaten und die Behandlung der Indianer; Gandhis Thema war die Selbstbestimmung des indischen Volkes gegenüber der englischen Kolonialmacht; Martin Luther Kings Thema waren die Bürgerrechte der Schwarzen. Eines der Themen, die heute Menschen bis an die Grenzen des zivilen Ungehorsams führen, liegt in der Einsicht, daß nicht ein waffentechnisches Ungleichgewicht, sondern der Rüstungswettlauf als solcher weite Teile der Erde und jedenfalls Mitteleuropa dem Untergang näherbringt.

Viertens: Aus all diesen Gründen kann von zivilem Ungehorsam nur so lange die Rede sein, solange er sich auf die Mittel gewaltfreien Handelns beschränkt. Befristete Sitzstreiks, Menschenketten oder Fastenaktionen müssen jedoch als gewaltfreie Handlungsformen anerkannt werden. Auch sie als «Gewalt» zu bezeichnen, ist eine willkürliche Ausdehnung des Gewaltbegriffs und eine unvertretbare Kriminalisierung des zivilen Ungehorsams. In den siebziger Jahren hat die Friedensforschung, angeregt durch Johan Galtung, eine Ausweitung des Gewaltbegriffs vorgenommen, indem sie auf Phänomene der strukturellen Gewalt hinwies. Dem wurde mit guten Gründen entgegengehalten, eine solche Entschränkung des Gewaltbegriffs führe in die Nacht, in der alle Katzen grau sind. Es wirkt geradezu gespenstisch, wenn im Zusammenhang des zivilen Ungehorsams eine solche Entgrenzung des Gewaltbegriffs nicht mehr in bezug auf die Ausübung staatlicher Herrschaft, sondern in bezug auf deren Kritik vorgenommen wird.

Soweit die vier Folgerungen, die ich daraus ziehe, daß ziviler Ungehorsam nur dann eine Form verantwortlichen politischen Handelns sein kann, wenn er sich den Kriterien einer Gesinnungs- wie einer Verantwortungsethik zugleich unterwirft. Ich habe diese Folgerungen zum ersten Mal im Jahr 1983 formuliert und vorgebracht. In den Aktionen zivilen Ungehorsams, über die westdeutsche Richter seitdem zu urteilen hatten, habe ich diese Gesichtspunkte erfüllt gefunden. Doch trotz ihres gewaltfreien Charakters wurden solche Handlungen in vielen Fällen als gewaltsame Nötigung eingestuft. Die Ausdehnung und «Vergeistigung» des Gewaltbegriffs scheint sich durchzusetzen, die ich bereits 1983 befürchtet habe. Sie hatte freilich schon vorher Eingang in die deutsche Rechtsprechung gefunden. Von ihr muß deshalb noch mit einigen Sätzen die Rede sein.

Der «vergeistigenden» Entgrenzung des Gewaltbegriffs hatte der Bundesgerichtshof durch seine – als «Laepple-Urteil» berühmt gewordene – Entscheidung von 1969 vorgearbeitet, nach der Sitzblockaden auf Straßenbahnschienen, mit denen gegen die Erhöhung von Beförderungstarifen protestiert wurde, als nötigende Gewalt zu verurteilen waren. Die herrschende Lehre dieses Urteils übertrugen der Richter Offenloch in Schwäbisch Gmünd und seine Kollegen auf Sitzblockaden vor Raketendepots in Mutlangen und anderswo. Einschlägig war damit der § 240 des Strafgesetzbuchs, der besagt: («1) Wer einen anderen rechtswidrig mit Gewalt oder durch Drohung mit einem empfindlichen Übel zu einer Handlung, Duldung oder Unterlassung nötigt, wird mit Freiheitsstrafe bis zu drei Jahren oder mit Geldstrafe, in besonders schweren Fällen mit Freiheitsstrafe von sechs Monaten bis zu fünf Jahren bestraft. (2) Rechtswidrig ist die Tat, wenn die Anwendung der Gewalt oder die Androhung des Übels zu dem angestrebten Zweck als verwerflich anzusehen ist. (3) Der Versuch ist strafbar.»

Ob diese Strafrechtsbestimmung selbst verfassungsgemäß ist und ob sie auf Sitzblockaden im Rahmen des zivilen Ungehorsams angewandt werden darf, waren die Streitpunkte in den Verfahren vor dem Bundesverfassungsgericht, die mit dem Urteil vom 11. November 1986 ihren Abschluß fanden. Das Urteil endete in einem wichtigen Teil der zu entscheidenden Fragen mit einem gespaltenen Votum von vier zu vier Stimmen. Damit aber waren die Verfassungsbeschwerden (mit einer Ausnahme) zurückgewiesen. Dennoch hat das Urteil der hemmungslosen «Vergeistigung» des Gewaltbegriffs Einhalt geboten. Folgt man dem Urteil, wird man in Zukunft nicht schon aus der Rechtswidrigkeit einer Handlung selbst schließen können, daß es sich um Gewalt handelt; und man wird auch nicht aus dem unterstellten Gewaltcharakter automatisch schließen dürfen, daß eine Handlung als «verwerflich» zu bezeichnen und deshalb als Nötigung zu verurteilen ist. Vielmehr muß, folgt man der Logik dieses Urteils, in Zukunft eine Einzelfallprüfung die besonderen Umstände und Motive der jeweiligen Aktion berücksichtigen.

Doch man hätte sich ein eindeutigeres und einmütigeres Urteil des Gerichts wünschen müssen. Die vier unterlegenen Richter machen auf den sonderbaren Tatbestand aufmerksam, daß der Bundesgerichtshof in seiner Rechtsprechung zur Vergewaltigung einen wesentlich strengeren Gewalt-Begriff voraussetzt als in seiner Rechtsprechung zu gewaltfreien Blockaden. Insbesondere machen sie einen politischen Gesichtspunkt geltend, der nicht in Vergessenheit geraten sollte: «Die Teilnehmer von Sitzblockaden verstehen diese als Teil der Auseinandersetzung über hochpolitische Streitfragen. Wie immer ihr Verhalten zu beurteilen sein mag: Es liegt in hohem Maße im Allgemeininteresse, daß solche Auseinandersetzungen frei von Gewalttätigkeiten bleiben und daß die Grenze zwischen gewalttätigem und gewaltlosem Verhalten klare Konturen behält. Die anderweitig zu Recht beklagte begriffliche Verwirrung wird von den staatlichen Organen selbst begünstigt, wenn psychische Zwangseinwirkungen durch friedliche Sitzblockaden ebenso als Gewalt behandelt werden wie eine Nötigung durch körperliche Gewalttätigkeit.»

Man kann nur schwer verstehen, daß dieser Gesichtspunkt sich in dem Urteil nicht durchgesetzt hat. Ebenso ist es zu

Die Welt des Geistes und des Geldes
Deutschland

Proteste sind wie Aktien …

…ihren Kurs notiert die politische Börse danach, ob das Papier feste oder schwankende Tendenz zeigt.

Hans Kasper (eigentlich Dietrich Huber), deutscher Aphoristiker

Politik wie Aktien sind ein schwieriges Geschäft und damit auch nicht jedermanns Sache. Die meisten Menschen bevorzugen einen sicheren Weg, um ihre Interessen voranzubringen – mit Erfolgsgarantie von Anfang an.

bedauern, daß der Erste Senat des Bundesverfassungsgerichts sich nicht dazu entschlossen hat, die Frage, ob eine bestimmte Handlung als verwerflich einzustufen sei, streng im Sinn eines eingrenzenden Strafbarkeitskorrektivs zu verstehen. Einmütig stellt er fest, daß damit auf eine allgemeine sozialethische Wertung zurückgegriffen wird. Der Sozialethiker nun fragt sich ratlos, welche Wertungen die vier Richter, deren Meinung das Urteil trägt, wohl im Sinn hatten, wenn sie es als verfassungsrechtlich unbedenklich erklärten, daß gewaltfreie Sitzblockaden im Rahmen des zivilen Ungehorsams gegen neue Mittelstreckenraketen als verwerflich bezeichnet werden. Die unterlegene Richtergruppe stellt dazu klar, daß solche Handlungen allenfalls dann als verwerflich gelten können, wenn erschwerende Umstände – wie die Behinderung von Krankentransporten oder das Einkesseln Dritter – hinzukommen. Die obsiegende Richtergruppe dagegen hat einer Denkweise nichts entgegenzusetzen, die symbolische Blockaden vor den Toren von Raketendepots für verwerflich hält, faktische Blockaden mit dem eindrucksvollen Instrument von Lastkraftwagen auf dem Brennerpaß dagegen als Heldentaten feiert.

Das Urteil des Bundesverfassungsgerichts erkennt zwar an, daß die Verwerflichkeit in jedem Einzelfall geprüft werden müsse. Doch die vier obsiegenden Richter schwächen diese Feststellung dadurch bis zur Bedeutungslosigkeit ab, daß sie die Gerichte von der Pflicht entbinden, die Fernziele der Demonstranten zu berücksichtigen. Es genüge, wenn deren Motive bei der Strafzumessung berücksichtigt würden; für die Frage, ob eine Handlung verwerflich sei oder nicht, könnten sie außer Betracht bleiben.

Hierin liegt der bedenklichste Fehlgriff des Urteils – einer, an den auch noch nach Jahr und Tag erinnert werden muß, bis diese Inkonsequenz überwunden ist. Das Strafbarkeitskorrektiv der Verwerflichkeit verpflichtet ausdrücklich dazu, Mittel und Zweck in ein Verhältnis zueinander zu setzen. Die Verfassungsrichter geben das zu, nehmen diese Einsicht aber gleich wieder durch die Behauptung zurück, es genüge, Tatmotive und Fernziele bei der Feststellung der Verwerflichkeit auf sich beruhen zu lassen und erst bei der Festsetzung des Strafmaßes einzubeziehen. Damit soll offenbar erreicht werden, daß das moralische Urteil der Verwerflichkeit über Aktionen des zivilen Ungehorsams ausgesprochen werden kann, ohne daß die Bestrafung wegen unverhältnismäßiger Strafzumessung angefochten werden muß. Damit aber wird das Strafrecht zum Mittel der politischen Verurteilung. Daß hier der politische Wille über die juristische Argumentation siegt, zeigt sich eben an dem Widerspruch, daß die Beurteilung der Ziele der Sache nach bei der Entscheidung über die Verwerflichkeit notwendig ist, aber dennoch in die Entscheidung über das Strafmaß verlagert wird. Und dies alles im übrigen nur unter der Voraussetzung, daß gewaltfreie Aktionen des zivilen Ungehorsams überhaupt als Gewalthandlungen eingestuft werden. Soweit dies geschieht, trägt die Rechtsprechung in der Bundesrepublik selbst dazu bei, daß die Grenzen zwischen gewaltfreien und gewalttätigen Aktionen fließend werden. Sie verlockt Menschen zu der Meinung, die strikte Selbstverpflichtung auf Gewaltfreiheit sei nicht so wichtig, da ja auch die Rechtsprechung zwischen Gewalttätigkeit und Gewaltfreiheit nicht mehr unterscheide.

Damit dem entgegengewirkt wird, muß man darauf hoffen, daß die Auffassung der vier unterlegenen Richter an Boden gewinnt. Zugleich aber lernt man am Gegenbild: Der Protest gegen verhängnisvolle Entwicklungen bleibt nur so lange seinen Zielen treu und in den Mitteln verantwortbar, solange er sich strikt in den Grenzen gewaltfreien Handelns hält.

BRÜDERLICHKEIT – GESCHWISTERLICHKEIT

Es klingt wie die Erinnerung an eine fremde, vergangene Welt, wenn einer sich anheischig macht, die politischen Verhältnisse der Gegenwart am Maßstab der «Brüderlichkeit» zu messen. Denn uns Kinder der modernen Industriegesellschaft trennt ein tiefer Graben von den überlieferten Normen der Humanität, die im Gedanken der Brüderlichkeit zusammengefaßt sind. Nicht die Schäbigkeit der Menschen, sondern die Sachgesetzlichkeit der Umstände erzwingt ein Verhalten, das von aller Geschwisterlichkeit weit entfernt ist.

Im Mittelpunkt der hochindustrialisierten Gesellschaft steht die Produktivität, nicht der «Bruder». Nicht Rücksicht auf die Schwachen, sondern die Durchsetzungskraft der Stärkeren, nicht Opferbereitschaft, sondern Profit, nicht Empathie, sondern Konkurrenz bestimmen eine Gesellschaft, die auf dem Weltmarkt mithalten will. Für eine moderne Industriegesellschaft, so scheint es, ist Brüderlichkeit nicht einmal mehr eine Utopie, aus der Zukunft sich gestalten läßt; sie ist nur noch Erinnerung, ein der Vergangenheit verhafteter Traum.

Den tiefen Graben, der die moderne Gesellschaft vom Geist der Brüderlichkeit trennt, hat Max Weber schon zu Beginn unseres Jahrhunderts beschrieben. Unerbittlich und in scharfer Zuspitzung hat er geschildert, wie sich im neuzeitlichen

Prozeß gesellschaftlicher Differenzierung unterschiedliche Wertsphären ausbilden, die alle ihrer eigenen Logik folgen. Die Wirtschaft, früher etwa in der Form des Handwerks organisiert und auf persönlicher Zusammengehörigkeit aufgebaut, wird zum unpersönlichen Betrieb; jede Beziehung zu einer religiösen Brüderlichkeitsethik bricht damit ab. Der Staat ist derjenige Verband, der das Monopol legitimer Gewaltsamkeit in Anspruch nimmt; von dem brüderlichkeitsethischen Satz «Widersteht dem Bösen nicht mit Gewalt» führt keine Brücke zu dieser Sphäre der Politik. Aber auch Wissenschaft und Kunst, ja sogar die Sexualität haben unter den Bedingungen der Neuzeit eine Eigengesetzlichkeit entwickelt, die mit den Traditionen religiöser Ethik unvereinbar ist. Wer trotzdem in solchen Traditionen befangen bleibt, wird zum Gesinnungsethiker. Seine Entscheidungen bleiben folgenlos; und er findet sich resignierend damit ab: «Der Christ tut recht und stellt den Erfolg Gott anheim.» Am «stahlharten Gehäuse» der neuzeitlichen Ökonomie und der von ihr hervorgebrachten Institutionen prallt dieses Ethos wirkungslos ab.

An die Kluft zwischen dem Ethos der Brüderlichkeit und der Eigengesetzlichkeit der Moderne, die Max Weber beschrieb, hat die Gesellschaft der Bundesrepublik sich über lange Zeit scheinbar mühelos gewöhnt. Das fiel leicht, solange gesellschaftliche Konflikte durch die Verteilung wirtschaftlicher Zuwachsraten geregelt werden konnten. Und es erschien als unproblematisch, solange technische Innovation und wirtschaftliches Wachstum noch fraglos als Übergang vom Schlechteren zum Besseren, als Fortschritt in diesem nachdrücklichen Sinn verstanden werden konnten. Unter solchen Voraussetzungen konnten gesellschaftliche Konflikte als reine Steuerungskrisen aufgefaßt werden. Keiner brauchte die Frage nach den Zielen gesellschaftlicher Entwicklung aufzuwerfen.

Doch schon zu Beginn der siebziger Jahre stieß dieses Lösungsmuster an seine Grenzen. Die ersten Studien des «Club of Rome» und die erste Ölpreiskrise lösten neue Fragen aus. Die selbstzerstörerischen Folgen unbegrenzten Wachstums kamen in den Blick. Die Frage nach der Lebensqualität, die Überlegungen über qualitatives Wachstum, aber auch die Debatte über gesellschaftliche Grundwerte waren Signale dafür, daß die Frage aufs neue ansteht, welche Ziele gesellschaftlicher Entwicklung ethisch verantwortet werden können. Die Auskunft, die verschiedenen gesellschaftlichen Bereiche folgten ihren eigenen Gesetzen, stellte heute keinen Nachdenklichen mehr zufrieden. Technischer Fortschritt und wirtschaftliches Wachstum legitimieren sich nicht mehr selbst – zu unübersehbar ist heute die Ambivalenz ihrer Folgen. Wirtschaftliches Wachstum verbürgt nicht mehr Arbeitsplätze für alle, die Arbeit suchen; vielmehr verbindet es sich mit konstant hoher Erwerbslosigkeit. Technischer Fortschritt aber ist von einem «Restrisiko» begleitet, dessen bedrohlicher Charakter immer wieder verdrängt, aber doch nicht geleugnet werden kann. Vor welchen Zielen lassen sich diese ambivalenten Wirkungen verantworten? Oder ist die Umkehr in eine andere Moderne angesagt?

Brüderlichkeit und neokonservatives Denken

Was man in Deutschland die «Wende» nennt, war alles andere als eine Antwort auf solche Fragen. Denn das Programm der 1982 ausgerufenen «geistig-moralischen Erneuerung» bestand gerade darin, den entscheidenden geistigen und moralischen Herausforderungen der Gegenwart auszuweichen. Es ist nur konsequent, wenn gerade Konservative heute fragen: «Wann kommt die geistige Wende?» Die Feststellung, daß sie bisher ausgeblieben ist, klingt beinahe schon banal. Sie kann freilich nicht erwartet werden, solange man die kulturelle, religiöse und geistige Tradition nur wie einen Steinbruch behandelt, aus dem man die gerade benötigten Bruchstücke abtransportiert.

Meine These heißt: Neokonservatives Denken – bei uns wie in den Vereinigten Staaten von Amerika – benutzt kulturelle und religiöse Traditionen lediglich, um das abzudecken, was aktuellen Entwicklungen und Entscheidungen an innerer Legitimität fehlt. Mein Einwand gegen dieses Vorgehen aber heißt: Wer den Nutzen kultureller und religiöser Traditionen nur daran bemißt, ob sie ein aktuelles Legitimationsdefizit überdecken können, wird nicht lange auf sie zurückgreifen können. Er braucht sie auf, ohne sie in ihrem Eigensinn, in ihrer eigenen Wahrheit zur Geltung kommen zu lassen. Denn Kultur und Religion, Kunst und Wissenschaft sind durch die Frage nach der Wahrheit bestimmt. Man kann nicht von ihrem Wahrheitsbezug absehen, um sie ungestört als gesellschaftlichen Kitt zu verbrauchen.

Was der Gedanke der Geschwisterlichkeit – oder der Brüderlichkeit in der männlich geprägten Sprache der Tradition – für die Krise der Gegenwart bedeuten kann, ist das Thema dieser Überlegungen. Doch ich frage nicht nach der puren Nützlichkeit, sondern nach der Wahrheit dieses Gedankens. Ich konfrontiere diese Wahrheit mit der Krise unserer Zeit.

Wer sich den geistigen Herausforderungen der Gegenwart stellen will, muß sich den Krisenerscheinungen aussetzen, von denen die gesellschaftliche Entwicklung in der Bundesrepublik wie in anderen hochindustrialisierten Ländern bestimmt ist. Die Namen dieser Krisen wechseln: Tschernobyl, Reikjavik, Basel. Gemeinsam ist den unterschiedlichen Krisenerfahrungen, daß die Ambivalenz des wissenschaftlich-technischen Fortschritts sich in ihnen Ausdruck verschafft. In eben dem Maß, in dem Wissenschaft und Technik die menschlichen Handlungsmöglichkeiten erweitern und so einen Zugewinn an Freiheitschancen eröffnen, gefährden sie zugleich die Zukunft des Lebens auf diesem Planeten wie die Qualität menschlichen Zusammenlebens.

Fünf Problemfelder zeigen diese Ambivalenz des wissenschaftlich-technischen Fortschritts besonders offenkundig: die Spaltung der Gesellschaft in diejenigen, die über Erwerbsarbeitsplätze verfügen, und Erwerbslose; die noch immer wachsende Kluft zwischen Umweltbelastungen oder Umweltkatastrophen, die unsere Form der Industrialisierung hervorbringt, und den Ansätzen zu Gegenmaßnahmen; der dramatische Gegensatz zwischen dem Wohlstand in den Industrienationen und den Lebensbedingungen in den Ländern Asiens, Afrikas und Lateinamerikas; eine Form der Friedenssicherung, die den Frieden durch technische Mittel gewährleisten soll und in der doch schon jetzt Skandal und Risiko des Rüstungswettlaufs den möglichen Nutzen dieses Wettlaufs übersteigen; und schließlich: die Gefahr, daß der wissenschaftliche Zugriff auf die genetische Ausstattung des Menschen in die technologische Manipulation des Lebens selbst münden wird.

In jeder Beschreibung der Situation steckt schon ein Urteil. Mein Urteil heißt: Vor den fünf Krisenphänomenen unserer Gegenwart – Erwerbslosigkeit, Umweltzerstörung, Hunger, Friedlosigkeit und Manipulation am Menschen – versagt die These von der Eigengesetzlichkeit der Lebensbereiche. Bei ihnen handelt es sich nicht um bloße Steuerungskrisen; sie erfordern vielmehr eine neue Diskussion über die Ziele gesellschaftlicher Entwicklung. Die ethische Frage, welche Ziele wir verantworten und welche Mittel wir vertreten können, läßt sich nicht mehr länger durch die Auskunft blockieren, wer so frage, betreibe eine «Hypermoral» (A. Gehlen).

Wer nicht über Ziele nachdenkt, wird die heute nötigen Wege nicht finden. Ohne eine Verständigung über Ziele, die heute verantwortet werden können, lassen sich Wege aus den Gefahren, die ich genannt habe, kaum ausmachen. Das Wachstum der Risiken, die wir uns und unseren Nachkommen aufbürden, macht deutlich, daß wir uns nicht nur in einer Steuerungs-, sondern in einer Zielkrise befinden. In ihr stellt sich die Aufgabe, die Kluft zwischen der Eigengesetzlichkeit der modernen Industriegesellschaft und dem Ethos der Brüderlichkeit zu überwinden. Denn vielleicht sind wir zur Klärung unserer Zielkrise auf eben die ethischen Traditionen angewiesen, die um den Begriff der Brüderlichkeit kreisen.

Brüderlichkeit im politischen Streit

In die politische Sprache hat dieser Begriff durch die Französische Revolution Eingang gefunden. Am 14. Juli 1790, am Jahrestag des Sturms auf die Bastille, wurde auf dem Pariser Marsfeld vor 300 000 Menschen die revolutionäre Trias verkündet: Freiheit – Gleichheit – Brüderlichkeit. Damit war ein über die Grenzen der französischen Nation hinausreichendes, ein allgemeines Ideal proklamiert. Seinen Sinn erläuterte Robespierre, als er für die Erklärung der Menschen- und Bürgerrechte folgenden Artikel 1 vorschlug: «Die Menschen aller Länder sind Brüder. Die verschiedenen Völker müssen sich so wie die Bürger ein und desselben Staates nach Kräften helfen.»

Neu war dieser umfassende Sinn des Brudertitels nicht; auch war er nicht auf die Welt der Französischen Revolution beschränkt. Schon wenige Jahre zuvor hatte Schiller dasselbe menschheitsumspannende Ideal formuliert: «Alle Menschen werden Brüder.» Freilich bekam dieser Satz erst durch Beethovens Vertonung in der 9. Symphonie seinen aufrüttelnden, nun durchaus von der Französischen Revolution inspirierten Klang. Aber daß der Brudertitel Grenzen sprengt, war eine Tatsache, die die Revolutionäre in Frankreich vorfanden. An deren religiösem Hintergrund freilich waren sie nicht mehr interessiert, an den noch kurz nach der Mitte des 18. Jahrhunderts Christian Fürchtegott Gellert in dem schlichten Vers erinnert hatte: «Wir haben einen Gott und Herrn / Sind eines Leibes Glieder / Drum diene deinem Nächsten gern / Denn wir sind alle Brüder.»

In dem Maß, in dem dieser religiöse Beiklang des Brudertitels abgestreift wurde, erhielt sein politischer Sinn einen deutlicheren Akzent. In Frankreich verbanden sich mit ihm vor allem zwei Anforderungen an den Staat: der gleiche Zugang aller zu politischen Entscheidungen und der Anspruch der Schwächeren auf die Unterstützung der Gemeinschaft. In der französischen Verfassung von 1793 hieß es demgemäß: «Die öffentlichen Unterstützungen sind eine heilige Schuld. Die Gesellschaft schuldet ihren unglücklichen Bürgern den Unterhalt: Sie verschafft ihnen Arbeit oder sie sichert die Mittel zum Leben der Arbeitsunfähigen.»

Daß gesellschaftlicher Fortschritt an Prinzipien der Menschenwürde orientiert sei: in diesem Credo traf sich die Französische Revolution mit dem amerikanischen Unabhängigkeitskampf, der ihr vorausging. Solchen Überzeugungen trat konservatives Denken schnell und mit Schärfe entgegen. Sein Credo hieß: Gesellschaftlicher Fortschritt gründet sich nicht auf Prinzipien – wie Freiheit, Gleichheit und Brüderlichkeit –, sondern auf praktische Lebenskunde. Nicht individuelle Vernunft, sondern kollektive Erfahrung verbürgt ein sicheres gesellschaftliches Leben – so lautete die Grundthese des großen konservativen Kritikers der Französischen Revolution Edmund Burke –; nur durch Versuch und Irrtum ergeben sich triftige Antworten auf gesellschaftliche Herausforderungen. Damit verband sich eine folgenreiche Beweislastregel. Beweispflichtig ist, wer die Veränderung des Bestehenden fordert; wer nur die Fortschreibung der Gegenwart verlangt, ist keinen Beweis schuldig.

Konservatives Denken in Burkes Sinn hat häufig zur Ernüchterung hochfliegender Pläne beigetragen. Geradeso hat es an gesellschaftlicher Erneuerung mitgewirkt. In den großen Volksparteien unseres Jahrhunderts bildete konservatives Denken immer wieder ein wichtiges Element, das politischen Pragmatismus erleichterte – und wo gäbe es politisches Handeln ohne pragmatische Nüchternheit?

Von dieser Fermentwirkung konservativen Denkens unterscheidet sich der Neokonservativismus unserer Tage durch seinen Anspruch auf politische Alleinherrschaft. Das in den sechziger Jahren zunächst in den USA formulierte, unter der

Präsidentschaft Ronald Reagans in hohem Umfang verwirklichte Projekt hieß: den Konservativismus aus einem pragmatischen Element zur bestimmenden Kraft zu machen. Dafür aber reichte weder der Hinweis auf die praktische Erfahrung als Bestimmungsgrund politischen Handelns noch der Anschluß an Konzepte des wirtschaftspolitischen Neoliberalismus aus. Vielmehr mußte der Neokonservativismus nun selbst Prinzipien und Werte mobilisieren, die mit seinen politischen und ökonomischen Absichten vereinbar waren. Nicht die kritische Kraft solcher Prinzipien und Werte, sondern ihre funktionale Einsetzbarkeit war gefragt. Dadurch aber gewann der Konflikt zwischen einem Denken, das an der kritischen Tradition der Brüderlichkeit orientiert ist, und dem Neokonservativismus erst seine Schärfe.

Nichts kennzeichnet den Neokonservativismus mehr als seine symbolische Rhetorik. Er kompensiert seinen Verzicht auf ethisch geklärte Ziele durch eine Funktionalisierung der Religion.

Neokonservatives Denken verwendet die Hoffnung des Glaubens, um neue Zuversicht und neues Selbstvertrauen zu erzeugen. In besonderer Form tat das Helmut Kohl, als er sich im März 1985 vor dem Deutschen Bankentag auf Dietrich Bonhoeffer als Vorbild der heute gebotenen Zuversicht berief. Unter Hinweis auf ein (in Wahrheit gar nicht überliefertes) Gebet Bonhoeffers vor seiner Hinrichtung im Konzentrationslager Flossenbürg sagte Kohl, «daß dieser Mann im Angesicht des Galgens die Fähigkeit hatte, in sich Kontinuität zu spüren, zu tragen und zu vermitteln; daß er Gottvertrauen hatte und daß er trotz seiner – im Menschlichen gesehen – verzweifelten Lage auf die Zukunft setzte». Und Kohl fügte hinzu: «Was im Konzentrationslager Flossenbürg möglich war, müßte heute auf einem Bankentag oder anderswo auch möglich sein.» Ob Dietrich Bonhoeffer im Angesicht des Todes auf einen Neubeginn des Lebens hoffte oder die deutschen Banken auf den Aufschwung setzen, ist in dieser Betrachtungsweise ein und dasselbe.

Neokonservatives Denken verwendet apokalyptische Bilder, um politische Gegnerschaft zum endzeitlichen Kampf zu steigern. Der Konflikt zwischen zwei Gesellschaftssystemen und zwischen den hegemonialen Ansprüchen der Supermächte wird dadurch zum Kampf zwischen Licht und Finsternis. Nicht daß alle Menschen Brüder sind, leitet den Einsatz für die Menschenrechte; sondern sie werden als politisches Mittel im Kampf zwischen Gut und Böse eingesetzt. Dadurch verwandelt sich das Eintreten für die Menschenrechte in einen Kreuzzug. Ethische Anforderungen werden auf den Feind projiziert oder in die Sphäre des persönlichen Lebens verlagert. Familienleben und die Bereitschaft, Kinder zur Welt zu bringen, Homosexualität und Schwangerschaftsabbruch werden zu neokonservativen Schlüsselthemen. Strategien der Verschiebung politischer Konflikte auf solche Themen sind an der Tagesordnung.

Bei aller Mobilisierung traditioneller Werte und bei aller Funktionalisierung der Religion: in der politischen Krise der Gegenwart sieht neokonservatives Denken gerade nicht eine Zielkrise, sondern ausschließlich eine Steuerungskrise. Krisen ergeben sich nach dieser Auffassung allein aus einem mangelhaften Umgang mit den Sachgesetzlichkeiten von Wirtschaft und Politik. Die Anerkennung der Sachzwänge bleibt die gebotene Antwort auf Krisenerscheinungen. Helmut Schelsky, von dessen Denken die Neokonservativen noch heute zehren, hat diese Überzeugung schon 1961 scharf formuliert: «An die Stelle eines politischen Volkswillens», so sagte er, «tritt die Sachgesetzlichkeit, die der Mensch als Wissenschaft und Arbeit selbst produziert.»

Die Auseinandersetzung über die Ziele gesellschaftlicher Entwicklung und über die Maßstäbe, an denen sich gesellschaftliches Handeln orientiert, wird durch den Verweis auf die Eigengesetzlichkeit ökonomischer Prozesse und gesellschaftlicher Entwicklungen stillgestellt. Das entscheidende Motiv neokonservativer Strategien ist keineswegs die Wiederbelebung überlieferter Normen und Werte, sondern die Anpassung der Menschen an die vorgefundene ökonomische Struktur. Deshalb muß die Tradition zurückgedrängt bleiben, die das Gebot der Nächstenliebe als Brüderlichkeit und Solidarität oder gar als Liebe zum Fremden, zum Feind auslegt.

Denn der Rückgriff auf überlieferte Werte hat in diesem Denken nicht inhaltliche, er hat allein instrumentelle Bedeutung. Deshalb verträgt sich die Beschwörung traditioneller Werte so mühelos mit einer Medienpolitik, die nur einen schleichenden, aber gleichwohl dramatischen Traditionsabbruch zur Folge haben kann. Die Werte von Familie und Religion werden beschworen, um den Menschen die Unterwerfung unter die ökonomische Modernisierung zu erleichtern. Durch Bildung, Kunst und Religion soll sich der einzelne eine Herkunftsgewißheit verschaffen, kraft deren er sich der industriellen Modernisierung um so umstandsloser fügt. Neokonservatives Denken benutzt die Religion, um ein Gefühl der Sicherheit zu erzeugen; es verdrängt dabei alle prophetischen und kritischen Inhalte der Religion.

Deshalb entdeckt es keinen Widerspruch zwischen religiöser Rhetorik und einer Politik, die den gesellschaftlichen Bestand durch Stärkung seines Kernbereichs auf Kosten der gesellschaftlich Schwächeren stabilisieren soll. Es gehört zu seinem Programm, Minderheiten – Erwerbslose und Ausländer vor allem – an den Rand zu drängen, gemäß jener von John Kenneth Galbraith entdeckten Pferd-Spatz-Theorie, nach der man nur das Pferd kräftig füttern muß, damit auch der Spatz etwas zu fressen findet. Es entdeckt keinen Widerspruch zwischen dem Appell an Gemeinschaftswerte und einer staatlichen Wirtschaftspolitik, die sich in entschlossener Konsequenz als Motor der dritten industriellen Revolution versteht – auch wenn diese mehr Arbeitskräfte (wie man beschönigend sagt) «freisetzt», als sie Arbeitsplätze schafft.

Doch unvermeidlicherweise weckt eine solche Form des Neokonservativismus den Widerspruch eines Denkens, das am kritischen Erbe der Brüderlichkeit festhalten will. Dieses

Erbe reicht freilich weiter, als der Blick auf die Französische Revolution allein erkennen läßt.

Der Sinn der Brüderlichkeit

Ethische Überzeugungen beginnen mit der Einsicht in die Verletzbarkeit des Menschen. Daran ist in letzter Zeit von ganz unterschiedlichen Seiten aus erinnert worden. Der Sozialphilosoph Jürgen Habermas hat gezeigt, daß eine Ethik, die nichts anderes als die Verständigungsbereitschaft unter Menschen voraussetzen will, in der Verletzlichkeit des Menschen ihrer elementarsten Herausforderung begegnet. Und die katholischen Bischöfe in den USA wählen in ihren Hirtenbrief über «Wirtschaftliche Gerechtigkeit für alle» denselben Ausgangspunkt. Beide Entwürfe einer heutigen Ethik, ein christlicher und ein säkularer, sehen die entscheidende Nötigung zu ethischer Verantwortung darin, daß das Leben der Menschen Kränkungen und Beschädigungen ausgesetzt ist. Daß dem verletzlichen Leben eine unverlierbare Würde zukommt, ist ihr gemeinsamer Ausgangspunkt. Er verbindet die jüdisch-christliche und die humanistische Tradition der Ethik miteinander. Beide Traditionen müssen diese Einsicht heute auf die außermenschliche Natur ausdehnen. Denn daß nicht nur der Mensch, sondern auch die außermenschliche Natur verletzbar ist, gehört zu der Art von Entdeckungen, die unserer Generation nicht erspart bleiben.

Die Zuwendung zum verletzbaren und verletzten Menschen nennt die religiöse und ethische Überlieferung Brüderlichkeit. Dabei hat die Tradition der Juden und Christen den Titel des Bruders von Anfang an so verstanden, daß er Frauen und Männern in gleicher Intensität gilt; und sie hat ebenso von Beginn an den Titel des Bruders über den Kreis der leiblich Verwandten ausgedehnt. Nicht einmal die Grenze der Zugehörigkeit zum gleichen Volk oder zum gleichen Glauben konnte Bestand davor haben, daß Gott alle Menschen mit der gleichen Würde ausgestattet hat. Nicht nur die Starken haben an dieser Würde teil, sondern gerade die Ohmächtigen; nicht nur die Machthaber dürfen sie in Anspruch nehmen, sondern sie kommt gerade denen zu, die um ihr Recht betrogen werden.

Brüderlichkeit – oder, wie ich hinzufüge, um an die alte Fülle dieses Worts zu erinnern: Geschwisterlichkeit – drückt die Hoffnung auf eine Form des Zusammenlebens aus, in der die Menschen nicht nur in ihren Stärken, sondern auch in ihren Schwächen ernst genommen werden. Für das Judentum sind die Witwen und Waisen, die Armen und Fremden diejenigen, an denen sich Geschwisterlichkeit zu erweisen hat. Der Umgang mit denen, die nicht über die soziale Sicherheit einer intakten Familie, eines geregelten Einkommens und einer verläßlichen Umwelt verfügen, entscheidet über die Humanität einer Gesellschaft. Deshalb schärfen die Propheten des Alten Testaments den Blick von unten, die Perspektive der Opfer, die Betrachtung der Gesellschaft aus der Sicht der Ärmsten ein. Die «vorrangige Option für die Armen» ist nicht erst eine Entdeckung heutiger Befreiungstheologen in Lateinamerika, sondern schon des Alten Testaments, das damit unserer politischen Kultur einen folgenreichen Maßstab vermittelt hat: Die Menschlichkeit einer Gesellschaft entscheidet sich daran, ob die Verbesserung der Lebensbedingungen für die Ärmsten, für die sozial Deklassierten die höchste Priorität hat.

Mit Absicht erinnere ich an die Wurzeln der «Brüderlichkeit» im Judentum und füge hinzu: Es ist kein Zufall, daß sich die Zerstörung von Brüderlichkeit immer wieder mit Antisemitismus paart. Das hat sich in der deutschen Geschichte besonders erschreckend gezeigt. Und es hat mit der These von einer «Kollektivschuld» nichts zu tun, wenn man sich eingesteht, daß das Verhältnis zu dieser dunkelsten Seite deutscher Geschichte noch immer den entscheidenden Prüfstein für den Stand politischer Kultur in Deutschland darstellt. Deshalb bedeutet in Deutschland Antisemitismus etwas anderes als in jedem anderen Land. Hier ist jede einzelne antisemitische Äußerung nicht eine Entgleisung, sondern ein Skandal. Und ein Skandal ist es auch, wenn ein deutscher Politiker meint, sich auf die «Gnade der späten Geburt» berufen zu können. Der fatale Zungenschlag, mit dem manche neokonservativen Historiker von der jüngsten deutschen Geschichte und ihren vermeintlichen Analogien in der Geschichte anderer Völker reden, verkleinert den Skandal nicht. Er trägt nur zu seiner Verschärfung bei.

Antisemitismus, so will mir scheinen, ist eine der Formen, in denen moderne Industriegesellschaften versucht haben, sich den Anspruch der Brüderlichkeit vom Halse zu schaffen. Was in allen Phasen der Industrialisierung galt, gilt heute erst recht: Die Folgen eines solchen Maßstabs sind weitreichend. Denn er beansprucht nicht nur für die je eigene Gesellschaft, sondern im Weltmaßstab Geltung. Nun beobachten wir schon in unserer eigenen, überaus wohlhabenden Gesellschaft, daß sie die Rechte von Minderheiten übergeht und die Entwicklung einer neuen Armut in Kauf nimmt, wenn technischer Fortschritt, ökonomische Effizienz und Konkurrenzfähigkeit dies fordern. Erst recht müssen wir zugeben, daß wir weit von einer Humanität entfernt sind, die sich an den Bedürfnissen der Ärmsten jenseits unserer Grenzen orientiert. An diese Inhumanität haben wir uns so sehr gewöhnt, daß der Hinweis auf sie schon beinahe banal klingt. Schmerzlicher ist schon das Eingeständnis, daß dieser Abstand von der Humanität mit der Zunahme wirtschaftlicher Produktivität nicht etwa schrumpft, sondern weiter wächst. Am meisten aber deprimiert die Gleichgültigkeit, in der wir uns mit diesem Zustand abfinden.

Der Gedanke der Brüderlichkeit lädt dazu ein, die Perspektive zu wechseln, aus der wir unsere Zukunftsvisionen entwerfen. Nicht bei den Hoffnungen, die wir dem technischen Fortschritt entgegenbringen, sondern bei den Hoffnungen, um die Menschen betrogen werden, sollte die Vision einer humanen Gesellschaft ansetzen. Das ist die Lektion, die wir aus dem Ursprung des Gedankens der Brüderlichkeit im Glauben der

Juden lernen können. Das Bekenntnis zu dem einen Gott als dem Schöpfer aller Menschen nötigt schon das Judentum dazu, jeder Deklassierung von einzelnen oder Gruppen prinzipiellen Widerspruch entgegenzusetzen. Deshalb wird der Gedanke der Geschwisterlichkeit nirgendwo schärfer verletzt als dort, wo Menschen auch noch unter Rückgriff auf die biblische Tradition und den christlichen Glauben um ihre elementaren Rechte betrogen werden. Aus diesem Grund bildet das System der Apartheid in Südafrika eine der massivsten Herausforderungen für die politische Ethik wie für die Politik selbst. Um noch einmal die katholischen Bischöfe in den USA zu zitieren: Auf die tiefste Inhumanität stoßen wir dort, wo einzelne oder Gruppen von Menschen durch aktives Handeln oder passives Zulassen in einem Zustand gehalten werden, als ob sie nicht Glieder der menschlichen Gattung wären.

Unter den Bedingungen der Moderne hat eine solche Einsicht weitreichende Folgen, gerade auch für die anstehenden Veränderungen in einer Gesellschaft wie der westdeutschen. Zu den entscheidenden Weichenstellungen der Moderne gehört die Überzeugung, daß der einzelne seine Identität durch gesellschaftliches Handeln erwirbt und durch die aktive Beteiligung an gesellschaftlich organisierter und entlohnter Arbeit darstellt. Die Überbewertung der Arbeit als entscheidender Quelle menschlicher Identität soll jetzt nicht unser Thema sein. Auch wenn man den Sinn der Erwerbsarbeit relativiert, kommt man um die Einsicht nicht herum: Strukturelle Arbeitslosigkeit ist nicht nur ein ökonomisch riskantes Unternehmen, sondern eine Attacke auf das Menschsein selbst. Der Skandal, der darin liegt, kommt nur deshalb nicht voll ans Licht, weil er sich mit einem Zerbröseln gesellschaftlicher Solidarität verbindet. Denn Automatisierung und drohende Arbeitslosigkeit spalten die Arbeiterschaft in zwei Gruppen: in solche, die noch einen Arbeitsplatz erhalten oder behalten, ja die im Zuge von Rationalisierungsmaßnahmen vielleicht sogar eine interessantere Arbeit zugewiesen bekommen, und jene anderen, die aus der Erwerbsarbeit auf Zeit oder auf Dauer ausgesperrt werden. Die Trennung in Rationalisierungsgewinnler und Rationalisierungsverlierer höhlt die Solidarität der Industriearbeiterschaft aus; ihr selbst gegenüber wird Brüderlichkeit zu einem kritischen Begriff.

An diese jüdische Tradition der Brüderlichkeit knüpft das christliche Verständnis an. Die Hungrigen und Obdachlosen, die Kranken und Gefangenen, all die Minderheiten, deren eine Gesellschaft sich gern entledigt, werden in der Verkündigung Jesu in herausgehobenem Sinn als Brüder bezeichnet: «Was ihr einem unter diesen meinen geringsten Brüdern getan habt, das habt ihr mir getan.» Die Ermutigung zu selbstloser Solidarität wird hier unmittelbar mit der Autorität Jesu verknüpft. Dieser radikale Sinn von Brüderlichkeit flammt in der Geschichte des Christentums immer wieder auf: von Franz von Assisi mit kühner Absicht ausgedehnt auf den Bereich der außermenschlichen Natur, auf den Bruder Sonne oder den Bruder Wind, von den Quäkern umgesetzt in den absichtslosen Dienst für die, welche die größte Not leiden. Doch das Gegenbild darf nicht verschwiegen werden: die Koalition des Christentums mit den etablierten Mächten drängt die Schwächsten und den geschwisterlichen Umgang mit ihnen an den Rand.

Deshalb kam es einer Neuentdeckung gleich, als die Französische Revolution die Trias aufnahm, unter die ein Jahrhundert zuvor der reformierte Philosoph Pierre Bayle seine Vision einer Gelehrtenrepublik gestellt hatte und diese Vision nun für die Gesellschaft im ganzen gelten ließ: Freiheit, Gleichheit, Brüderlichkeit. Und folgenreich war, daß die fraternité der Franzosen im Deutschen nicht, wie Immanuel Kant wollte, als Selbständigkeit, sondern dem Pädagogen Campe folgend als Brüderlichkeit wiedergegeben wurde. Erst durch die Französische Revolution wurde das Wort «Brüderlichkeit», kurz zuvor von Lavater geprägt, in der deutschen Sprache heimisch.

Und diese Neuentdeckung setzte sich fort, als die Arbeiterbewegung Brüderlichkeit und Solidarität auf ihre Fahnen schrieb. Die Besserung der Lebensbedingungen für die Schwachen und der Schutz der Minderheiten gehören seitdem zu den Kennzeichen jedes Staats, der für sich in Anspruch nimmt, demokratisch und sozial zu sein.

Die beiden großen Befreiungsbewegungen der europäischen Moderne – die demokratische Bewegung und die Arbeiterbewegung – haben auf diese Weise dem Christentum eine Einsicht wieder nahegebracht, die es verdrängt hatte: die Einsicht in die Geschwisterlichkeit als den Anfang aller ethischen Verantwortung.

Weder eine christliche Ethik des Politischen noch ein Denken, das den Traditionen der demokratischen Bewegung und der Arbeiterbewegung verpflichtet ist, können sich deshalb mit der Auskunft abfinden, das Ethos der Brüderlichkeit sei mit den Eigengesetzlichkeiten der modernen Industriegesellschaft unvereinbar. Beide müssen die Humanität einer Gesellschaft daran messen, ob sie Minderheiten freien Raum gibt, und müssen die Geltung der Mehrheitsregel, so wichtig sie ist, dadurch begrenzen; sie müssen die Humanität des ökonomischen Systems danach beurteilen, ob es die Lebensverhältnisse der Schwächsten verbessert, und müssen die Geltung des Leistungsprinzips, so wichtig es ist, dadurch relativieren; sie müssen die Humanität des Staates daran prüfen, ob er die aktive Beteiligung aller Bürger ermöglicht, und müssen das Repräsentativsystem, so wichtig es ist, durch Formen direkter Bürgerbeteiligung ergänzen.

Politische Elemente der Brüderlichkeit

Der Gedanke der Brüderlichkeit ist, angestoßen durch das Erbe der jüdisch-christlichen Tradition, der demokratischen Bewegung und der Arbeiterbewegung, zu einem wichtigen Bestandteil des modernen Menschenrechtsbewußtseins geworden. Mit starker Betonung begegnet er im Artikel 1 der

Allgemeinen Erklärung der Menschenrechte von 1948: «Alle Menschen sind frei und gleich an Würde und Rechten geboren. Sie sind mit Vernunft und Gewissen begabt und sollen einander im Geiste der Brüderlichkeit begegnen.» Dieser «Geist der Brüderlichkeit» enthält drei politische Elemente, die sich nicht voneinander lösen lassen: die Anerkennung der Würde jedes Menschen unabhängig von den gesellschaftlichen Leistungen, die er erbringt; Gerechtigkeit als die Schaffung fairer und gleicher Bedingungen für jeden, damit er von seiner Freiheit Gebrauch machen kann; Solidarität als die Zuwendung zu den besonderen Lebensbedingungen des andern und als Einsatz für sein Wohlergehen. Menschenwürde, Gerechtigkeit und Solidarität bilden zusammen den politischen Gehalt der Brüderlichkeit.

Es ist nicht schwer, die Konflikte der jüngsten Vergangenheit zu benennen, in denen das geschilderte Verständnis von Brüderlichkeit einen unausweichlich in Streit und Kontroversen verwickeln mußte. Die drei Stichworte: Menschenwürde, Gerechtigkeit und Solidarität, sind gut als Wegweiser zu diesen Konflikten zu benutzen.

Der demokratische Rechtsstaat hat ein Grundmotiv der Brüderlichkeit darin aufgenommen, daß er die Menschenwürde aller staatlichen Gewalt vorordnet und deshalb der Freiheit und Selbstbestimmung der Bürger den Vorrang vor staatlichen Eingriffsrechten zuerkennt. Die Erfahrungen unseres Jahrhunderts haben die Weisheit dieser Entscheidung bestätigt. Gefährdet wird der freiheitliche Rechtsstaat nicht so sehr durch den Rechtsmißbrauch und den Rechtsbruch der Bürger, sondern durch den Machtmißbrauch staatlicher Instanzen. Deshalb widerspricht es dem Geist einer freiheitlichen Demokratie, wenn Sicherheit einfach mit Staatssicherheit gleichgesetzt wird. Und es ist ebenso unter dem Niveau einer rechtsstaatlichen Demokratie, wenn Gesetze, die in ihrem Effekt die Selbstbestimmungsrechte der Bürger einschränken, als «Sicherheitsgesetze» bezeichnet werden.

Gerechtigkeit erfordert faire und gleichgewichtige Austauschbedingungen zwischen den einzelnen und den Gruppen in der Gesellschaft. Sie verlangt soziale Institutionen, die allen die aktive und produktive Mitarbeit am Leben der Gesellschaft ermöglichen. Die Verteilung von Einkommen, Wohlfahrt und Macht muß immer wieder im Blick auf die überprüft werden, deren Basisbedürfnisse nicht befriedigt sind. Konzepte staatlichen Handelns, die der Durchsetzungskraft der Starken freie Hand geben und die Schwachen ihrem Schicksal überlassen, sind mit einer solchen Gerechtigkeitsvorstellung nicht vereinbar. Solche Konzepte brauchen nicht offen, sie können auch verdeckt praktiziert werden.

Solidarität schließlich erstreckt sich heute nicht nur auf die Angehörigen der eigenen Generation und der eigenen Gesellschaft. Der neue Schritt der Solidarität, der heute zu lernen ist, gilt den künftigen Generationen. Um ihretwillen hätte in Reikjavik im Oktober 1986 die Chance zur Abrüstung ergriffen werden müssen; um ihretwillen wäre der Schritt nötig gewesen über den Graben, der die Machtblöcke voneinander trennt. Im Blick auf das Leben künftiger Generationen nenne ich Reikjavik eine politische Katastrophe.

Wenn ihre Lebenschancen auf diesem Planeten bewahrt werden sollen, muß die Menschheit es sich verbieten, alles zu tun, wozu sie technisch in der Lage ist. Solidarität verlangt Selbstbegrenzung. Denn das ist der Kern der Geschwisterlichkeit: jedem anderen Menschen dasselbe Lebensrecht einzuräumen, das man selbst in Anspruch nimmt. Am Anfang dieses Jahrhunderts galt dies als ein weltfremder Traum; heute, gegen Ende des Jahrhunderts, liegt darin die elementarste Regel für gemeinsames Überleben.

MUT ZUM FRIEDEN

Grundlinien einer politischen Ethik in protestantischer Perspektive will ich in diesem Essay entwickeln. Es mag überraschen, wenn ich diese Grundlinien zusammenfassend als «Mut zum Frieden» bezeichne. Denn ein Rückblick auf die Geschichte des Protestantismus scheint zu diesem Mut keinen besonderen Anlaß zu bieten.

In der Geschichte Europas ist die Reformation nicht Grund zum Frieden, sondern Anlaß zur Zwietracht gewesen. Sie hat nicht Einheit gestiftet, sondern die – freilich weithin nur noch äußerlich vorhandene – Einheit der mittelalterlichen Christenheit zerstört. Die von der Reformation mitgeprägte Neuzeit ist über Jahrhunderte hinweg eine Zeit von Kriegen aus Gründen des christlichen Glaubens, von konfessionell bestimmten Bürgerkriegen, gewesen. Der Dreißigjährige Krieg hat sich tief in das Gesicht Europas eingegraben. Noch heute berufen sich die Bürgerkriegsparteien in Nordirland auf ihren konfessionellen Gegensatz. Die christlichen Missionen des 19. und 20. Jahrhunderts haben keineswegs nur Frieden verbreitet. In vielen Fällen wurden sie in den Dienst einer höchst unfriedlichen Kolonialpolitik gestellt. Und mit dem christlichen Glauben verpflanzten sie auch die konfessionellen Gegensätze, die sich in Europa oder Nordamerika ausgebildet hatten, in die Länder Afrikas und Asiens.

Der Versuch, sich die Anstöße der Reformation kritisch anzueignen und sie für eine gegenwärtige politische Ethik fruchtbar zu machen, geht ohne die Vergegenwärtigung von Streit und Konflikt, Mißtrauen und Gewalt nicht ab. Ausgelöst wurde die Reformation nicht durch den Mut zum Frieden, sondern durch den Mut zum Konflikt, zum Streit um der Wahrheit willen.

Heute befinden wir uns, manchen Hemmnissen und Widerständen zum Trotz, im ökumenischen Zeitalter des Christentums. Die Christenheit geht dem Ende ihres zweiten Jahrtausends mit gewachsenem, wenn auch noch immer unvollkommenem ökumenischem Bewußtsein entgegen. Nach langen Jahrhunderten christlichen Streits vermittelt die ökumenische Situation der Gegenwart – trotz allen Zögerns und trotz schwerwiegender Rückschläge – Mut zum Frieden. Das gilt ganz besonders, wenn man auf die ökumenische Realität in vielen christlichen Gemeinden und Initiativgruppen blickt. Es gilt weniger deutlich im Blick auf die Entscheidungen der verfaßten Kirchen. Sie sind noch weithin mit der Aufgabe beschäftigt, historische Aufräumarbeit zu leisten und die Verurteilungen als gegenstandslos zu erweisen, mit denen sie sich wechselseitig vor Jahrhunderten den christlichen Glauben abgesprochen haben. Doch in allen Gestalten der Kirche gewinnt die Überzeugung an Boden: Die Zukunft der Christenheit wird ökumenisch sein, oder die Kirchen werden vor der Aufgabe versagen, ihrem Bekenntnis zu Christus als dem Frieden der Welt glaubwürdige Gestalt zu geben.

Angst vor dem Frieden

Ökumene heißt heute: nach der Friedensfähigkeit der Christen und der Kirchen zu fragen. Solange sie ihre eigene Friedensfähigkeit nicht weiterentwickeln, haben die Christen und die Kirchen kein Recht, von anderen Mut zum Frieden zu erwarten. Daß dieser Mut nötig ist und daß er fehlt, tritt in den politischen Entwicklungen, deren Zeugen wir sind, massiv zu Tage. Noch einmal ist von den beiden Orten zu reden, die für diese Entwicklungen symbolische Bedeutung gewonnen haben: Tschernobyl und Reikjavik.

Mit dem Reaktorunglück von Tschernobyl im April 1986 verbindet sich die Frage, ob die Menschheit noch aus einer Form der Herrschaft über die Natur umkehren kann, die nicht nur den großtechnischen Anlagen, sondern auch den Menschen, die sie bedienen, Fehlerlosigkeit abverlangt. Über aktuelle Kontroversen und Schuldzuschreibungen weist die Erfahrung von Tschernobyl also darin hinaus, daß sie zu der Frage nötigt: Kann sich an die Expansion menschlicher Herrschaft über die Natur wieder ein Frieden mit der Natur anschließen, in dem der handelnde Mensch sich selbst als begrenzt, als fehlerhaft und verwundbar verstehen kann und darf? Wird es politisch möglich und gesellschaftlich durchsetzbar sein, aus bewußter Einsicht noch rechtzeitig auf Technologien zu verzichten, deren «Restrisiko» nicht zu verantworten ist?

Mit dem Scheitern des Gipfelgesprächs von Reikjavik im Oktober 1986 aber verbindet sich die Frage, ob die hochindustrialisierten und hochgerüsteten Staaten noch umkehren können aus einer politischen Kultur der Gewalt, die durch die Anhäufung immer gigantischerer Militärpotentiale Sicherheit meint verbürgen zu können. Über aktuelle Kontroversen und Schuldzuschreibungen weist die Erfahrung von Reikjavik darin hinaus, daß sie zu der Frage nötigt: Ist der Ausstieg aus dem tödlichen Wettlauf der Rüstungen überhaupt politisch möglich und gesellschaftlich durchsetzbar? Bringt unsere eigene Gesellschaft jene Bereitschaft zur Umkehr von diesem tödlichen Weg auf, die wir anderen mit so viel Nachdruck abverlangen?

Tschernobyl und Reikjavik sind nicht Symbole des Muts zum Frieden, sondern der Angst vor dem Frieden. Nichts kennzeichnet die Gegenwart mehr, als daß die grundsätzliche

Bereitschaft zum Frieden sich mit der Angst davor verbindet, diejenigen Bedingungen und Strukturen zu schaffen, die allein vielleicht geeignet sein könnten, Frieden auf Dauer zu ermöglichen. Diese Situation hat Carl Friedrich von Weizsäcker einmal in dem einprägsamen Bild des Bergsteigers in der Eiger-Nordwand beschrieben. Er weiß, daß er sich verstiegen hat und wieder absteigen muß. Doch der Umstieg erscheint ihm als besonders riskant. Weil er vor dem Übergang in den – gleichfalls gefahrvollen – Abstieg Angst hat, steigt er einstweilen weiter, obwohl er weiß, daß dieser Weg ihn an den Abgrund führt. Diese Angst vor dem Frieden zu überwinden, ist an der Zeit. Doch wer die Angst vor dem Frieden überwinden will, darf der Furcht um den Frieden nicht ausweichen.

In einem öffentlichen Gespräch mit Carl Friedrich von Weizsäcker hat Helmut Schmidt bemerkt, in Fragen des Friedens sei die Angst ein schrecklich schlechter Ratgeber. Ich vermag ihm beizustimmen, solange gemeint ist: Diffuse Angst lähmt; sie ist eine Stimmung, die entschlossenes Handeln gerade erschwert. Doch hinzufügen will ich: nur wenn man ins Auge faßt, was man fürchtet, kann man den Grund der Furcht überwinden. Deshalb heißt meine These: Mut zum Frieden kann nur entwickeln, wer der Furcht um den Frieden nicht ausweicht.

Was heißt Frieden?

Keine Generation mußte mit vergleichbarer Intensität wie die unsere um den bedrohten Frieden fürchten; noch nie in der Menschheitsgeschichte hingen Überleben und Frieden so unmittelbar zusammen wie für die jetzt Lebenden. Zu einem Überlebensthema ist der Frieden nicht nur für die geworden, die unter aktueller militärischer Gewaltanwendung leiden; er ist es auch für die, die im Magnetfeld des Rüstungswettkampfs zwischen den beiden Supermächten und ihren Bündnissystemen leben. Menschen in den hochindustrialisierten Ländern der NATO und des Warschauer Pakts verstehen unter politischem Frieden zunächst die Abwesenheit von Krieg und militärischer Gewaltanwendung. Unter ihnen breitet sich die Einsicht immer weiter aus, daß die Steigerung militärischer Gewaltpotentiale die Wahrscheinlichkeit eines Krieges nicht mindert, sondern erhöht. Der Streit um die Strategische Verteidigungsinitiative (SDI) lehrt, daß Wettrüsten den Frieden auch dann gefährdet, wenn es mit defensiven Absichten begründet wird. Nüchterne Einsicht in solche Fakten macht die Frage des Friedens heute in einem besonderen Sinn zu einem hervorgehobenen Thema politischen wie ethischen Nachdenkens.

Das unvorstellbare Anwachsen militärischer Gewaltpotentiale bildet heute aber nicht nur deshalb eine Herausforderung, weil dadurch die Wahrscheinlichkeit des Kriegs wächst. Die in ihm liegende Provokation zeigt sich vielmehr zugleich in dem von Jahr zu Jahr wachsenden Mißverhältnis zwischen den Mitteln, die die wohlhabenden Staaten der Erde für Rüstung und die sie für die Eindämmung des Hungers aufzubringen bereit sind. Die Frage nach der Zukunft des Friedens ist mit derjenigen nach dem Abbau von Ungerechtigkeit unlöslich verknüpft. Daß es keinen dauerhaften Frieden auf Kosten der Gerechtigkeit gibt, ist ebenso wahr, wie daß ohne die Bewahrung des Friedens auch die Gerechtigkeit nicht gefördert werden kann.

Die Erfahrung der Gegenwart ist aber schließlich durch die Einsicht bestimmt, daß der Frieden unter den Menschen nicht ohne die Versöhnung mit der Natur zu gewinnen ist. Die Herrschaft der Menschen über die Natur hat die Form massiver, lebenszerstörender Gewalt angenommen. Dem Nutzen des wissenschaftlich-technischen Fortschritts tritt als seine Nachtseite die tiefgreifende Schädigung der Biosphäre gegenüber. Das Maß unumkehrbarer Eingriffe in die Natur steigt von Tag zu Tag. Dadurch laden die jetzt Lebenden sich in wachsendem Maß die Verantwortung für die Lebens- und Entscheidungsmöglichkeiten künftiger Generationen auf.

Bändigung der Gewalt, Förderung der Gerechtigkeit und Bewahrung der Natur bilden heute in unlöslicher Verbindung den Inhalt der Friedensaufgabe. Daran hat auch die ökumenische Bewegung angeknüpft, als sie – bei der Vollversammlung des Ökumenischen Rats der Kirchen in Vancouver 1983 – zu einem konziliaren Prozeß für Frieden, Gerechtigkeit und die Bewahrung der Schöpfung aufrief. Wo die Bändigung der Gewalt, die Förderung der Gerechtigkeit und die Bewahrung der Natur zusammen als Inhalt des Friedens verstanden sind, da gilt Frieden insgesamt als die gelingende Gestaltung gemeinsamen Lebens in einem gemeinsamen, begrenzten Lebensraum: auf dem Planeten Erde.

Mit einer solchen Einsicht knüpft heutiges Friedensverständnis an die Tradition des biblischen Friedens, des Schalom, an. In dem Konflikt zwischen Frieden als Herrschaftsordnung und Frieden als Lebensform, von dem schon die Rede war, ergreift es Partei.

Es wendet sich vom Denken in den Kategorien der Pax Romana ab. Dieses Denken orientiert sich an der Befriedung durch Herrschaft, gegebenenfalls durch Gewalt. «Wenn du den Frieden willst, bereite den Krieg vor» ist einer der Leitsätze dieser Auffassung. Ihm folgt bis zum heutigen Tag das Konzept der Abschreckung, das durch die Vorbereitung des Kriegs dessen Ausbruch zu verhindern sucht. Ihm folgt aber auch die Einteilung der Erde in hegemoniale Einflußzonen. Im Konflikt der Supermächte setzt sich das Konzept der Pax Romana – nun aber ausgestattet mit den modernsten technischen Mitteln – fort. Zur Pax Romana gehört das Feindbild des Barbaren; zum Frieden als Herrschaftsordnung gehören diejenigen, die von diesem Frieden ausgeschlossen sind.

An den biblischen Frieden anzuknüpfen heißt: eine Kultur des Zusammenlebens zu entwickeln, die alle Gemeinschaftsformen umgreift. Im Schalom der hebräischen Bibel ist der Frieden des Menschen mit Gott ebenso eingeschlossen wie die gelingende Gemeinschaft unter Menschen. Der Umgang mit der außermenschlichen Natur ist ebenso gemeint wie die politische Ordnung. Die Geschichte des Volkes Israel beginnt mit der Vorstellung, daß Jahwe sich auch des Krieges zur Durchsetzung seines Geschichtsplans bedienen könne; aber es mündet in die prophetische Vision einer Zeit, in der die Schwerter zu Pflugscharen und die Spieße zu Winzermessern umgeschmiedet werden. Diese Vision nimmt das Neue Testament auf. Es versteht Frieden als die Gnade der Versöhnung, als ein Geschenk, das die Liebe gegenüber dem Feind möglich macht.

Die weltgeschichtliche Bedeutung der neutestamentlichen Versöhnungsbotschaft besteht darin, daß sich nach ihr Christus, der Gottessohn, selbst als Opfer hingibt. Wo immer Menschen sich zu dieser Versöhnung bekennen, kann es keine Projektion der Schuld auf einen Sündenbock mehr geben, der in die Wüste geschickt wird. Christliche Friedenspraxis zeigt sich darin, daß die Integration einer Gesellschaft nicht auf Kosten eines Opfers vollzogen wird, eines Opfers, das willkürlich herausgegriffen und bestimmt wird. Das Bekenntnis zur Versöhnung und die ihm entsprechende Praxis werden immer dann verraten, wenn bestimmte Gruppen in die Rolle des Sündenbocks gedrängt werden: Juden oder Schwarze, ausländische Arbeitnehmer oder Asylanten, Junge oder Alte, Kommunisten oder Kapitalisten.

Versöhnung heißt Befreiung von der Projektion, Befreiung von dem Zwang, im andern nur das Böse und das Böse nur im andern zu sehen. Deshalb beschreibt schon das Neue Testament die Feindesliebe als Folge der Versöhnung. Feindesliebe schließt drei elementare Lernschritte ein. Zu ihr gehört zunächst die Einsicht, daß menschliches Leben immer wieder von Gegensätzen und Gegnerschaften, von der Realität der Feindschaft bestimmt ist. Sie fordert sodann dazu auf, nicht nur den andern als Feind anzusehen, sondern sich der Frage zu stellen, was im eigenen Verhalten dem andern als bedrohlich erscheint, worin man selbst des anderen Feind wird. Und sie ermutigt schließlich zu sozialer Phantasie, die der feindseligen Gewalt Schritte entwaffnender Feindesliebe entgegensetzt. Dieser Lernvorgang ist – schon nach seinem neutestamentlichen Sinn – nicht auf den persönlichen Bereich beschränkt. Er hat politische Dimension. Statt der Produktion von Feindbildern kann die Entwicklung von Feindesliebe zum Grundmotiv politischen Lernens wie politischer Praxis werden.

Das ist kein «idealistisches» Programm. Es schließt vielmehr die nüchterne Einsicht in Strukturen der Feindschaft ebenso ein wie die Erkenntnis, daß unter den heutigen waffentechnischen Bedingungen ein Ausleben der Feindschaft selbstmörderisch ist. Die Feindschaft muß also gebändigt, ja überwunden werden. Dem dient «intelligente Feindesliebe».

Auf dem Weg zum Konzil des Friedens

Ein Konzil des Friedens hatte Dietrich Bonhoeffer ausgerufen. Es war an der Zeit, an seine Proklamation anzuknüpfen. Denn heute ist der Weltfrieden die Bedingung für das Überleben der Menschheit; aber er ist nicht gesichert. Deshalb hat der Deutsche Evangelische Kirchentag 1985 in Düsseldorf, einem Vorschlag Carl Friedrich von Weizsäckers folgend, die Gemeinden und Kirchenleitungen gebeten, den Aufruf zu einem weltweiten ökumenischen Konzil des Friedens aufzunehmen. Nun hat der Gedanke Bonhoeffers mit neuer Kraft Menschen in seinen Bann gezogen. Die Hoffnung auf ein Friedenskonzil hat viele Menschen angesteckt und ihnen neuen Mut in ihrer eigenen Arbeit für den Frieden gegeben.

Eine konziliare Versammlung der Weltchristenheit ist nötig, die eine Selbstverpflichtung der Kirchen zum Frieden ausspricht und dadurch Gehör gewinnt. Der Weg zu einer solchen Versammlung ist noch weit. Das Friedens-Thema ist konzilsreif; die Kirchen aber sind noch nicht konzilsfähig.

Dieser Widerspruch beschreibt die gegenwärtige Situation. Doch wer die Gefährdung des Friedens nüchtern einschätzt und gerade deshalb am Mut zum Frieden festhält, der muß sich fragen: Wenn die Kirchen nicht einmal angesichts der Gefahren für Frieden und Überleben die Kraft aufbringen, gemeinsam zu sprechen, wann dann?

In vielen Ländern ist an der Basis christlicher Gruppen und Gemeinden eine Bewegung in Gang gekommen, die in diese Richtung drängt. Eine konziliare Versammlung der Weltchristenheit für den Frieden kann nur aus der Basis der christlichen Gemeinden und Initiativgruppen herauswachsen. Von ihnen geht eine Bewegung aus, die dann von Kirchenleitungen mit ihren Mitteln aufgegriffen und weitergetragen wird. Mut zum Frieden wächst, wo solche Bewegungen in Gang kommen. Eine kleinstädtische Gemeinde verändert sich, weil sie beginnt, die Jugendbegegnungsstätte in Auschwitz zu unterstützen; eine Initiativgruppe praktiziert Solidarität über Grenzen hinweg, indem sie sich auf einen Bundesschluß mit Menschen einläßt, die in Südafrika von Zwangsumsiedlungen betroffen sind; Freiwillige aus amerikanischen Friedenskirchen richten stellvertretend Zeichen der Sühne auf, indem sie in Vietnam Tag für Tag nichts anderes tun, als Minen wegzuräumen, die der amerikanische Krieg dort hinterlassen hat: solche Erfahrungen und Beispiele vermitteln Mut zum Frieden – allen Schwierigkeiten und Enttäuschungen zum Trotz.

Der konziliare Prozeß, in dem christliche Gruppen und Gemeinden sich selbst zum Frieden verpflichten und über Grenzen hinweg mit anderen in einen Bund des Friedens eintreten, ist schon im Gang. Er muß verstärkt werden und sich ausbreiten; aber er hat schon begonnen. Doch zu diesem konziliaren Prozeß gehört das Ereignis eines «Konzils», einer Zusammenkunft von Vertretern der Weltchristenheit um des Friedens willen.

Notwendig ist diese Zusammenkunft in einer analogielosen Situation. Noch nie in der Weltgeschichte hatte die Menschheit die Gewaltmittel angehäuft, um menschlichem Leben auf diesem Globus gleich mehrfach ein Ende zu machen. Eine Zusammenkunft der weltweiten Christenheit zu diesem Thema wäre eben deshalb auch ein analogieloses Ereignis, das einen neuen Namen verdient. Wenn einstweilen von einem «Konzil des Friedens» die Rede ist, so soll das deutlich machen, daß eine solche Zusammenkunft repräsentativen Charakter tragen und in der Bitte um die Gegenwart des Geistes um die Wahrheit ringen soll.

Vor allem der konziliare Prozeß, der schon im Gang ist, ermutigt dazu, auf eine solche Zusammenkunft zu hoffen. Dafür, daß sie möglich ist, spricht aber auch das Friedensgebet, zu dem Papst Johannes Paul II. am 27. Oktober 1986 nach Assisi eingeladen hat. Denn Vorbereitung und Ablauf dieses Friedensgebets haben deutlich gemacht, daß die Vertreter der christlichen Kirchen um des Friedens willen zusammenkommen können. Ja, diese Zusammenkunft hat gezeigt, daß auch die Vertreter nichtchristlicher Religionen an solchen Anstrengungen teilzunehmen bereit sind. Deutlich geworden und von Vertretern des Vatikans ausdrücklich hervorgehoben worden ist aber auch, daß ein Gebet um den Frieden das Handeln für den Frieden und das klare Argumentieren über die heute nötigen Wege zum Frieden nicht überflüssig macht. Vielmehr bestärkt das Gebet darin, sich diesen Aufgaben zuzuwenden.

Deshalb sehe ich in dem Friedensgebet von Assisi ein ermutigendes Signal. Ich halte an der Hoffnung fest, daß die römisch-katholische Kirche und die im Ökumenischen Rat der Kirchen zusammengeschlossenen Kirchen sich zur gemeinsamen Vorbereitung und Durchführung einer konziliaren Versammlung der Weltchristenheit für den Frieden entschließen werden. Für das Jahr 1990 plant der Ökumenische Rat der Kirchen eine Weltkonferenz über Gerechtigkeit, Frieden und die Bewahrung der Schöpfung. Zu dem Zeitpunkt, zu dem ich diese Zeilen schreibe, ist noch nicht darüber entschieden, in welcher Form die katholische Kirche sich an dieser Planung beteiligen wird. Wie nahe die Weltkonferenz des Ökumenischen Rats dem erhofften Konzil kommen wird, kann erst die weitere Entwicklung zeigen.

Weite des Horizonts und Konzentration

Christliche Verantwortung für den Frieden orientiert sich an der Weite des biblischen Friedens, an der Fülle des Schalom. Sie faßt den Frieden, den Gott den Menschen zusagt, wie den Frieden unter den Menschen zugleich in den Blick. Frieden meint die Versöhnung unter Menschen wie die Versöhnung mit der Natur. Frieden ist gelingendes gemeinsames Leben im umfassenden Sinn. Gerechtigkeit als Überwindung der Not, Frieden als Schutz vor Gewalt und die Versöhnung zwischen Mensch und Natur bilden zusammen das Thema des konziliaren Prozesses, in dem sich die ökumenische Christenheit befindet. Doch ebenso wichtig wie die Weite der Thematik ist die Konzentration auf diejenigen Aussagen, für die die ökumenische Christenheit heute gemeinsam und verbindlich eintreten kann. Unter ihnen will ich drei in den Vordergrund stellen.

Auf das Dilemma der Atomwaffen hat die kirchliche Diskussion – gerade auch in der Bundesrepublik – über lange Zeit geantwortet: Der Einsatz atomarer Massenvernichtungsmittel kann unter keinen Umständen christlich gutgeheißen und verantwortet werden. Doch die Drohung mit ihnen zu dem Zweck, einen Frieden in Freiheit zu sichern, muß für eine Übergangszeit als eine christlich noch mögliche Handlungsweise toleriert werden.

Die ökumenische Gemeinschaft der Kirchen hat seit dem Übergang von den siebziger zu den achtziger Jahren begonnen, von dieser Aussage Abschied zu nehmen. Die katholischen Bischöfe in den USA haben in ihrem Hirtenbrief von 1983 dafür das eindrucksvollste Beispiel gegeben. Die von ihnen wie von vielen anderen vertretene Grundeinsicht heißt:

Wenn der Einsatz von Massenvernichtungsmitteln ein Verbrechen gegen die Menschheit darstellt, dann läßt sich auch die Drohung mit diesen Mitteln nicht verantworten. Denn in der Drohung steckt schon immer die Absicht, gegebenenfalls auch einzusetzen, womit man droht. Deshalb gilt das christliche Nein heute nicht nur dem Einsatz, sondern auch der Herstellung und Stationierung von Massenvernichtungswaffen.

In dieser Einsicht treffen sich kirchliche Äußerungen aus Ost und West, aus dem katholischen ebenso wie aus dem evangelischen oder orthodoxen Bereich. Vor allem aber treffen sich in dieser Einsicht die beiden großen friedensethischen Strömungen der Christenheit. Die Krise der Gegenwart bietet insofern Anlaß zur Hoffnung auf eine deutliche und verbindliche Äußerung der Kirchen, weil sie den beiden gegensätzlichen Strömungen in der christlichen Friedensethik ermöglicht, mit einer Stimme zu sprechen.

Die eine Hauptströmung bestreitet nicht grundsätzlich den Vorrang der Gewaltfreiheit vor allen Mitteln der Gewalt. Doch sie gesteht dem Staat das Recht zu, im Notfall Recht und Frieden durch die Drohung mit Gewalt und durch deren Anwendung zu schützen. Auf die Frage nach den Kriterien dafür, wann solche staatliche Gewaltanwendung berechtigt ist, versucht die Lehre vom gerechten Krieg eine Antwort. Die katholischen Bischöfe in den USA haben aus ihr vor allem drei Gesichtspunkte hervorgehoben: Auch der Einsatz von Gewalt muß am Ziel des Friedens ausgerichtet bleiben; deshalb müssen die Gewaltmittel zu dem angestrebten Ziel in einem vertretbaren Verhältnis stehen; und eben deshalb muß bei aller Kriegführung zwischen Soldaten und Zivilbevölkerung, zwischen militärischen und zivilen Zielen unterschieden werden können. Diese drei Kriterien führen zu dem Ergebnis, daß weder der Einsatz von Massenvernichtungsmitteln noch die Drohung mit ihnen vor dem christlichen Gewissen verantwortet werden kann. Die Lehre vom gerechten Krieg führt zur generellen Verwerfung von

Kriegführung und Kriegsvorbereitung unter Einschluß von Massenvernichtungsmitteln.

In diesem Ergebnis treffen sich die katholischen Bischöfe in den USA mit dem Heiligen Synod der Russisch-Orthodoxen Kirche. Er hat sich in einer Botschaft vom Frühjahr 1986 zum Thema «Krieg und Frieden im nuklearen Zeitalter» verbindlich dahin geäußert, daß ein Krieg, in dem Kernwaffen oder andere genauso tödliche Waffen eingesetzt werden, die die Menschheit und alles Leben auf der Erde vernichten können, nach den Kriterien der Lehre vom gerechten Krieg niemals zu rechtfertigen ist.

Der Lehre vom gerechten Krieg steht in der Christenheit die Tradition und Praxis des grundsätzlichen Gewaltverzichts gegenüber. Sie knüpft an den Gewaltverzicht Jesu an und verweigert sich deshalb der Beteiligung an allem staatlichen Gewalthandeln. Angesichts der Tötungsmittel, die heute angehäuft sind, gewinnt für sie die Praxis des gewaltfreien Handelns noch einmal an Dringlichkeit. Durch die Verweigerung des Kriegsdienstes nehmen ihre Anhänger diejenige Lebenspraxis vorweg, die einmal wird die herrschende sein müssen.

Die Lehre vom gerechten Krieg und der prinzipielle Gewaltverzicht bleiben auch heute zwei grundsätzlich unterschiedene Möglichkeiten christlicher Orientierung. Beide Strömungen treffen sich aber in dem Urteil: Die Herstellung, Stationierung und Anwendung von Massenvernichtungsmitteln atomarer oder anderer Art sind christlich nicht zu verantworten. Daß diese Einsicht gemeinsam ausgesprochen wird, ist die erste Erwartung an eine konziliare Zusammenkunft der weltweiten ökumenischen Christenheit.

Doch wird dadurch – so heißt eine zweite Frage – der Krieg mit konventionellen Mitteln wieder ein für Christen legitimes Mittel der Politik? Das wäre ein verhängnisvolles Resultat. Christen sollten sich auf eine andere Folgerung verständigen. Die unvorstellbare Grausamkeit der Kriege in unserem Jahrhundert hat gezeigt, daß der Krieg als ein Mittel, politische Konflikte auszutragen, überwunden werden muß. Kriege sind nicht, wie auch in christlichen Kirchen viel zu oft und viel zu lange gelehrt wurde, ein Naturereignis, sondern ein Ergebnis menschlicher, von Menschen gemachter Geschichte. Sie gehören nicht – wie Hunger, Durst oder Sexualität – zur Naturausstattung des Menschen. Sondern sie sind – wie Sklaverei oder Leibeigenschaft – Institutionen der menschlichen Geschichte, die überwunden werden können. Die Institution des Krieges durch andere Verfahren des Konfliktaustrags abzulösen, heißt nicht, das goldene Zeitalter herbeizuführen. Auch die Überwindung des Fehderechts im Innern der Staaten beseitigte nicht die gesellschaftlichen Konflikte, die der Fehde zu Grunde lagen. Auch eine Welt ohne Krieg wäre unvollkommen, von Konflikten durchzogen. Es ist ein kühnes, uns durch die Gewaltpotentiale der modernen Technik aufgezwungenes, deshalb aber auch mögliches Ziel, die Konflikte zwischen den Staaten anders auszutragen als durch kollektive militärische Gewaltanwendung, sie anders auszutragen als durch Krieg. Es gibt Regionen der Erde, die einen solchen Übergang vollzogen haben. Westeuropa gehört zu ihnen – und zwar auf dem Hintergrund einer blutigen, von Kriegen durchzogenen Geschichte. Die Institution des Krieges zu überwinden, ist ein kühnes, aber mögliches und vor allem notwendiges Ziel. In Erinnerung an die Distanzierung Gottes vom Krieg, von der die biblische Überlieferung berichtet, sollten sich die Kirchen gemeinsam für dieses Ziel einsetzen. Sie sollten erklären, daß der Krieg als Institution überwunden werden muß und kann.

Einen dritten Gesichtspunkt füge ich hinzu: Zum System der Abschreckung gehört eine Vorstellung von Sicherheit, nach der die eigene Seite dann sicher lebt, wenn das Risiko für den potentiellen Gegner unkalkulierbar ist. Die eigene Sicherheit ist das Ergebnis der Unsicherheit des andern. Es ist an der Zeit, von dieser Vorstellung Abschied zu nehmen. Trotz des Gegensatzes der Gesellschaftssysteme und der politischen Herrschaftsordnungen, mit dem sich der Hegemonialkonflikt zwischen den USA und der UdSSR verbindet, gilt: Beide Seiten leben in *einer* Welt; sie werden entweder miteinander auskommen oder sie werden miteinander umkommen.

Die Einsicht, daß es nur gemeinsame Sicherheit gibt, ist eine nüchterne Erkenntnis profaner Vernunft. Doch die Blokkaden gegen diese Einsicht sind ungewöhnlich massiv. Alte Muster des Freund-Feind-Denkens verführen immer wieder dazu, für die eigene Seite eine Sicherheit anzustreben, die man dem andern gerade vorenthalten möchte, und im übrigen der gegnerischen Rüstung nur offensive, der eigenen dagegen nur defensive Absichten zuzuschreiben. Eine solche Auffassung prägt nicht nur die Wahrnehmungen von Bürgern ohne Amt und Mandat; sie kann offenbar über den Ausgang von Gipfelgesprächen und damit über Chancen zu effektiver Abrüstung entscheiden, die in derselben Form vielleicht nicht wiederkehren. Derartige Lernblockaden treffen also offenbar Bürger und Regierende in gleicher Weise.

Solche Blockaden des Denkens werden heute lebensgefährlich. Dazu, sie zu überwinden, können christlicher Glaube und christliche Ethik etwas beitragen. Das Gebot der Feindesliebe, an das in diesem Zusammenhang noch einmal zu erinnern ist, fordert nicht dazu auf, im Feind plötzlich ein friedliches Lamm zu sehen und – unter Mißachtung aller Realität – die Gefühle der Freundschaft auch auf den Feind auszudehnen. Es verhilft vielmehr dazu, die Feindschaft zwischen Menschen als eine Wirklichkeit zu erkennen, zu deren Entstehen beide Seiten beitragen. Lernblockaden werden überwunden, wo Bedrohtheitsvorstellungen und Sicherheitsbedürfnisse mit den Augen des andern gesehen werden. Darin liegt heute die entscheidende Voraussetzung für eine Politik der gemeinsamen Sicherheit. Ihr können die Kirchen den Weg bahnen. Zu ihr können Christen beitragen, indem sie sich um wechselseitige Aufklärung über Lebenssituationen, geschichtliche Erfahrungen und Vorurteile bemühen.

Die Aufgabe, Blockaden der Feindschaft zu überwinden, stellt sich für Deutsche insbesondere in der Erinnerung an die eigene Geschichte; sie stellt sich im Verhältnis zu denen, für die Deutsche in den Kriegen dieses Jahrhunderts zu Feinden geworden sind. Das ist noch immer am schwersten auszusprechen und durchzuhalten im Blick auf die Sowjetunion. Mut zum Frieden muß aber auch die Kraft zur Erinnerung einschließen.

Aus begreiflichen Gründen fällt es noch immer schwer auszusprechen, in welcher Weise Deutsche für Bürger der Sowjetunion zu Feinden geworden sind. Noch immer setzt sich Mißverständnissen und Verdächtigungen aus, wer es versucht. Noch immer zieht der leicht den Vorwurf blinder Kommunistenfreundschaft auf sich, der nicht nur vom Leiden der Deutschen, sondern auch von den Opfern spricht, die der Zweite Weltkrieg in der Sowjetunion gefordert hat: Zwanzig Millionen Sowjetbürger starben, mehr als zehn Prozent der damaligen sowjetischen Bevölkerung. Fünf bis sechs Millionen sowjetischer Kriegsgefangener gerieten in deutsche Gewalt; etwa 3,3 Millionen von ihnen kamen in der Gefangenschaft ums Leben. 2,2 Millionen sowjetischer Juden wurden ermordet – allein 33771 aus Kiew am 29. und 30. September 1941 in der Schlucht von Babi Jar. Noch solche Zahlen zu nennen, heißt das Ausmaß des Schreckens zu verkleinern. Und ihr Sinn darf niemals darin bestehen, das Leiden der einen und der anderen gegeneinander aufzuwiegen. Doch auch, wer das sowjetische Herrschaftssystem mit guten Gründen ablehnt, darf solchen Fakten nicht den Zugang zu seinem Bewußtsein versperren. Die Entschlossenheit, in einer demokratischen Gesellschaft leben zu wollen, darf die Einsicht nicht hindern, daß auch die heute lebenden Bürgerinnen und Bürger der Bundesrepublik an der Verantwortung für die Folgen dieser Ereignisse Anteil haben. Sie sind nicht haftbar für die Schuld selbst; denn Schuld ist weder übertragbar noch vererbbar. Doch geschichtlich zu leben, heißt in einen Verantwortungszusammenhang einzutreten, der keinen Nullpunkt kennt.

Gegenüber Polen hat die Evangelische Kirche in Deutschland durch ihre Ostdenkschrift von 1965 einen Prozeß der Erkenntnis und der Bitte um Vergebung eingeleitet. Im Jahr

1988 begeht die russisch-orthodoxe Kirche ihre Tausendjahrfeier. Dieser Anlaß sollte nicht vorübergehen, ohne daß Christen und Kirchen in beiden deutschen Staaten sich den Vorgängen stellen, die zwischen die Menschen in Deutschland und der Sowjetunion getreten sind. Darin kann ein besonderer Beitrag von Christen und Kirchen in Deutschland zu einer konziliaren Versammlung für den Frieden liegen. Denn wenn sie so zum Frieden beitragen, sind die Christen ganz unmittelbar bei ihrer eigenen, der ihnen anvertrauten Aufgabe: der Wahrheit Raum zu geben und der Versöhnung zu dienen. Auf diesem Weg könnte gefördert werden, was noch nie in der Geschichte so dringlich war wie heute: Mut zum Frieden.

ÜBER DEN AUTOR

Wolfgang Huber wurde 1942 in Straßburg geboren. Er studierte Evangelische Theologie und promovierte 1966 in Tübingen. Nach dem Zweiten Theologischen Examen wurde er 1968 Pfarrer der Württembergischen Landeskirche. Er habilitierte sich 1972 an der Theologischen Fakultät der Universität Heidelberg und wurde 1980 als Professor für Sozialethik an die Universität Marburg berufen. Seit 1984 ist er Professor für Systematische Theologie in Heidelberg.

Huber ist seit 1968 Mitarbeiter der Forschungsstätte der Evangelischen Studiengemeinschaft (FEST), deren stellvertretender Leiter er von 1973 bis 1980 war. Seit 1969 hat er in verschiedenen Gremien des Ökumenischen Rats der Kirche mitgearbeitet, er war Mitglied des Theologischen Ausschusses der Evangelischen Kirche der Union und des Kuratoriums der Deutschen Gesellschaft für Friedens- und Konfliktforschung. Seit 1973 gehörte er der Kammer der EKD für öffentliche Verantwortung und seit 1979 dem Präsidium des Deutschen Evangelischen Kirchentages an. Von 1983 bis 1985 war er Kirchentagspräsident.

rororo aktuell Essay – Herausgegeben von Freimut Duve